마음을 치료합니다, 정신과

만화 그리는 정신과 의사의 마음 이야기

마음을 치료합니다, 정신과

글·그림
N2

시공사

책을 펴내며: 사람의 마음을 다룬다는 것　　8
시작하기 전에: 지갑을 잃어버리다　　14

1장

사람들은 정신과를 어떻게 바라보고 있을까

01 ✦ 정신과를 방문한다는 것　　30
02 ✦ 내 마음의 쓰레기통 비우기　　37
03 ✦ 진료하면서 난감한 순간들　　44

2장

관계, 우리를 기쁘게도 슬프게도 하는 것

01 ✦ 관계, 그 패턴의 미학　　56
02 ✦ 나와 비슷한 사람이 좋을까, 다른 사람이 좋을까　　69
03 ✦ 결혼은 끝이 아니라 또 다른 시작　　81

3장

불안, 삶이 희미해진다는 경고

01 ✦ 두려움과 불안의 차이   96
02 ✦ 분명히 몸이 아픈데 이상이 없다니   106
03 ✦ 공황장애는 어떻게 치료해야 할까   120

4장

우울, 보이지 않는 묵직한 통증

01 ✦ 불안이 좋아지고 나니 우울해진다면   136
02 ✦ 그리 슬프지는 않은데도 우울증인가요   144
03 ✦ 우울증은 가끔 이런 방법으로도 좋아진다   156

5장

의심, 마음 밭에 뿌리를 내린 불행의 씨앗

01 ✦ 잘못된 믿음이 어디서 생겨난 걸까　　168
02 ✦ 노년기에 갑자기 의처증이 생기는 이유　　179
03 ✦ 의처증을 치료하는 방법　　190
04 ✦ 의처증이 잘 낫지 않는 이유　　201

6장

분노, 때로는 나를 표현하는 방법

01 ✦ 화내는 것도 나름대로 쓸모가 있다　　212
02 ✦ 화가 나는 데는 분명한 이유와 대상이 있다　　223
03 ✦ 화의 특징 1: 많은 곳에서 적은 곳으로 흐른다　　235
04 ✦ 화의 특징 2: 결코 묻어둔다고 사라지지 않는다　　243
05 ✦ 화의 특징 3: 전염병처럼 주위로 퍼져나간다　　253
06 ✦ 화를 녹이는 최고의 치료제, 사랑　　264

　　책을 마치며: 사람들은 생각보다 행복하지 않다　　273

책을 펴내며
사람의 마음을 다룬다는 것

"네? 직업이 의사라고요? 전혀 의사처럼 안 보여요…."
"네? 게다가 정신과 전문의라고요? 진짜로 그렇게 보이지는 않는데…."

나는 최근에 이런 칭찬 아닌 칭찬들을 흔히 듣는다. 처음에는 저런 반응이 사실 성가시기도 하고, 내가 혹시 길을 잘못 택한 건 아닌가 하는 생각이 들 정도로 정체성에 대한 의구심이 생기기도 했다. 하지만 뭐, 그렇게 보인다는 걸 어쩌겠는가. 때로는 의사 하면 떠오르는 전형성에서 벗어나 있다는 것이 꽤나 매력적으로 느껴지기도 하고, 실제로 그렇게 일탈하며 살고 싶은 마음 또한 있으니 은연중에 내게서 그런 모습이 드러나는 것이리라.

이와 비슷하게, 내게는 일탈과도 같은 행위 중의 하나인 만화 그리기를 반복하다 보니 어느덧 책까지 펴내게 되었다. 처음에는 그냥 봉직의를 그만두고 무작정 쉬고 싶어서 거의 7개월 동안 집에 있었는데, 그렇게 아무것도 안 하다 보니 '심심풀이로 뭐라도 그려볼까?' 하는 생각이 내 안에서 슬금슬금 올라오는 게 아닌가? 그래서 가끔씩 집에서 아이패드로 그때그때 떠오르는 생각을 자연스럽게 끄적거린 것이 이 만화의 시작이었다.

 나라는 작자는 그렇게 실력 있는 사람이 아니다. 정신과학이라는 학문을 공부할 때도 그 난해함과 심오함에 무릎을 꿇고 상당히 하위권의 성적을 유지했었고, 5년간 봉직의를 하면서도 초짜 티를 팍팍 내면서 알게 모르게 실수도 많이 했으며, 개원한 지 꽤 시간이 흘렀지만 진료를 하면 할수록 사람의 마음을 다룬다는 일이 참으로 어렵다는 걸 실감하고 있다.
 그렇다면 만화를 그리는 실력은 괜찮은가? 그건 내가 굳이 스스로 언급하지 않아도 이 책 몇 장만 보면 금방 알 수가 있다. 옛날에는 만화를 좋아해서 수많은 작품들을 읽어보면서 나름대로 "이건 잘 그렸군!" "엥? 이건 완전 쓰레기네!" 하고 마치 평론가라도 된 듯 작품들을 함부로 평가하곤 했다. 그러나 그때 가장 혹평했던 만화라도, 지금 내가 그린 만화보다는 월등히 잘 그린 것이었다는 사실을 이번에 직접 만화를 그려보고서야 절실히 깨달았다. 새삼스럽긴 하지만, 이 자리를 빌려 이 세상 모든 만화가들에게 존경을 표하고 싶다.
 그러면 나는 왜 이렇게 자신이 없으면서, 정신과를 다루는 만화를 그리게 되었을까? 지금까지 이 만화를 그리면서 정신의학신문이나 지역 회보지에 실을 기회가 가끔 생겼는데, 그때 "이런 만화를 그리시게 된 계기가 있나요?"라는 질문을 받은 적이 몇 번 있었다. 그런 질문을 받았을 당시에는 솔직히 나 자신도 정확하게 알지 못해서 이리저리 둘러대며 궁색한 답변만 했다.

그러던 차에 이 질문에 대한 답을 어느 날 사소한 에피소드에서 얻을 수 있었다. 자동차가 고장 나서 카센터에 수리하러 갔더니 수리 기사님이 왜 고장이 났는지에 대해서 자세히 설명을 해주셨다. 그런데 잘 설명을 해주시는 것 같기는 했지만 나는 도무지 이해가 안 되었다. 그래서 이해 안 되는 부분들을 물어보기도 하고, 다시 설명을 듣고 하다 보니 기사님이 "어허, 젊은 사람이 이 정도 기본은 알아야지!"라고 하시지 않는가? 내가 자동차에 문외한이다 보니 말 그대로 기본적인 것도 몰랐다는 말이다.

하지만 이것은 내가 무식해서 그렇다기보다는, 이 분야를 접할 기회가 별로 없었기 때문이다. 그전까지는 자동차에 문제가 생겨도 대부분 아버지께서 뚝딱 해결해주셨기 때문에 내가 신경 쓸 일이 없었다. 그러다 보니 내게 자동차는 정말 생소한 분야이자 기본적인 것조차 알 수 없는 분야였다. 당시 기사님의 설명도 이해하기 어려웠을뿐더러 앞으로 어떻게 관리해야 하는지도 막막한 상황이었다. 배경지식조차 없는 분야를 맞닥뜨리고 해결해야 하는 일이 이렇게 어렵고 막막한지 처음 느꼈다.

이런 일을 겪은 후, 혹시 내가 일하는 진료 환경에서도 비슷한 경우가 있지 않았을까 하는 생각이 들었다. 내 입장에서야 정신과를 공부하고 그 분야 환자를 진료해온 시간이 15년 가까이 되니 나도 모르게 '환자들이 이 정도 기본적인 것은 당연히 알겠지?' 하는 생각을 자연스럽게 해왔던 것 같다. 그래서 나도 나름대로 자세히 설명한다고는 했지만 환자 입장에서는 전혀 이해를 하지 못한 경우가 충분히 있었을 수 있겠다는 생각이 들었다. 실제로 환자들이 다음에 방문했을 때 이전에 설명한 내용들을 슬쩍 물어보면 전혀 이해하지 못한 경우가 정말 많았고, 아예 기본적인 것부터 다시 설명하면 "아, 그게 그런 뜻이었어요? 이제 좀 알겠네요!"라는 반응을 보이는 일도 심심찮게 경험했다.

그렇다! 정신과는 사람의 마음을 다루는 일이다. 다른 의학 분야와 마찬가지로 일상에서 흔히 경험하기 힘든 영역이므로, 정신과를 접해본 적 없는 사람들은 이 책의 내용이 전혀 당연하지 않을 수 있다. 우리는 누구나 불안, 우울, 의심, 분노 등 다양한 정신과적 증상을 안고 살지만 그것에 대한 기본적인 지식을 제대로 잘 모르면 결국 자신의 상태에 대한 이해도 부족할뿐더러, 향후 그 상태를 어떻게 관리해야 할지에 대해서도 막막할 수밖에 없다.

그래서 나는 어쩌면 정신과학에 대한 학문적 소양이 대단히 높은 학자나 실력이 어마어마하게 뛰어난 의사보다는, 나같이 허술하고 공부 못 하는 의사가 오히려 이 영역에 생소한 분들의 눈높이를 더 잘 맞출 수도 있겠다고 생각했다. 어쩌면 내가 지금까지 해왔던 실수들이나 시행착오, 일상 속에서 마주치는 심리적 현상, 환자들을 진료하면서 매일 반복해 강조하는 기본 지식, 그 속에 살아 있는 임상 경험 등이 독자들에게 더 영향력 있게 받아들여질 수 있지 않을까 하는 근거 없는 자신감이 생긴 것이다.

높은 학문적 소양이나 훌륭한 의학적 지식 같은 것들은 지금도 세계 각국에서 훌륭한 선생님들이 논문이나 학회를 통해 정말 잘 해주고 계시니, 나는 이 분야에 생소하고 낯선 분들을 위해 정신과의 기초적인 지식을 아주 쉽게, 비유를 통해 풀어보고 싶었다. 그리고 지금 정신과적 증상을 겪고 있는 독자가 있다면 이 책이 조금이나마 그 증상에 대해 이해할 수 있도록, 또 해결할 수 있도록 도움이 되면 좋겠다고 생각했다.

어떻게 전달해야 독자들에게 더 쉽게 느껴질까 생각해보니 내가 즐겨 보고 사랑했던 만화 형식이 떠올랐다. '어차피 나는 만화가가 아니니까 그림이야 좀 못 그려도 괜찮겠지'라고 나 자신을 위로하며 시간이 날 때마다 틈틈이 그림을 그렸다. 지금의 이 책이 나오게 된 계기가 바로 이런 마음이 아닐까 싶다.

개원을 시작하면서 거의 동시에 출간을 준비했기 때문에 그 속도가 아주 더디고 힘겨웠지만(그러고 보니 거의 1년 반이 걸렸다) 그래도 새로운 시작을 하는 시기에 발맞추어 만화를 그리고 글을 쓴 것이라서 내게는 이 책이 더욱 특별한 의미가 있다. 진료를 하면서도 틈틈이 자투리 시간에 만화를 그리고 또 수정하기를 엄청나게 반복했던 그 힘든 과정을 기어이 해낸 내 자신에게, 수고했다며 어깨를 다독여주고 싶다는 뜻이다.

    그다음으로 5년간의 봉직의 생활을 그만두고 무작정 쉬고만 싶어서 고민할 때, 흔쾌히 쉴 수 있게 해준(그것도 7개월씩이나! 그 기간이 없었다면 단언하건대 이 책은 태어날 수 없었다) 아내에게 감사의 말을 전하고 싶고, 매일 아빠랑 아웅다웅하면서 다양한 만화 소재와 영감을 준 딸에게도 고맙다고 말하고 싶다. 또한 내가 집중해서 만화를 그릴 수 있도록 멋진 공간을 제공해준 부 카페, 놀숲 경주점, 카페 안길, 남산제빵소에도 심심한 감사의 뜻을 전한다. 물론 이 책이 나올 수 있었던 것은 그리 내세울 것 없는 내 만화에 대해 출간제의라는 큰 모험을 감행하신 시공사의 역할이 크다. 그리고 한 번도 만나본 적은 없지만 1년이 넘게 책에 대해 의논하고 마치 바로 옆에 있는 것처럼 세심하게 출간을 도와준 최안나 대리님께도 깊은 감사를 표한다. 마지막으로, 언제나 당신들보다 나를 더 많이 위하고 걱정하셨던 부모님께 깊이 감사드리고, 이 모든 과정이 감히 하나님의 은혜였다고 말하고 싶다.

2020년 12월
저자 N2

시작하기 전에:

지갑을 잃어버리다

어느 날 지갑을 잃어버렸다.
처음 알아챘을 때는 무척
당황스러워서 어찌할 바를 몰랐다.

그래서 현실을 인정하지 않고
오히려 부정했다. 어쩌면 인정하길 원치
않았던 것인지도 모른다.

하지만 부정하면 할수록 해결이 되긴커녕 더욱 혼란스럽기만 했다. 	결국 외면했던 현실이 점점 나를 짓누르자 당황을 넘어 두려움과 불안이 찾아왔다. ＜br＞(안절부절)
우리는 보통 모르는 것에 대해 두려워하거나 불안해하는 경향이 있다. 공포영화를 처음 볼 때는 귀신이 언제 어디서 나올지 모르니 엄청 무서웠는데   영화를 10번 정도 보니까 귀신이 언제 나올지 다 알아서 하나도 안 무섭더라고.	그런 감정을 어떻게든 빨리 처리하고자 모르는 것을 알려고 애쓰다 보면, 결국 원인에 대해 생각할 수밖에 없다. 발등에 떨어진 불부터 끄고 보자! 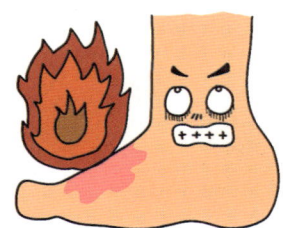

우리가 어떤 일이 발생했을 때 본능적으로 원인을 찾는 이유는 그걸 아는 자체로 두려움, 불안이 많이 줄어들고 해결책도 알 수 있기 때문이다.  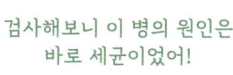「검사해보니 이 병의 원인은 바로 세균이었어!」 「아, 그렇구나. 그럼 항생제를 쓰면 낫겠다.」	나는 문제의 원인을 먼저 외부 요인에서 찾았다. 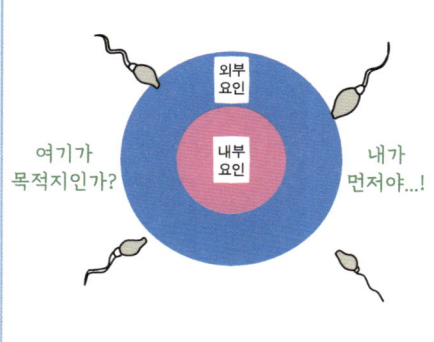
즉, 지갑을 누가 훔쳐갔다고 타인을 의심하기 시작한 것이다. 「외부 요인을 잘 살펴서 골라야겠어!」 	나는 즉시 용의자들을 추려 집중적으로 의심하기 시작했다. 우리가 왜 여기에... 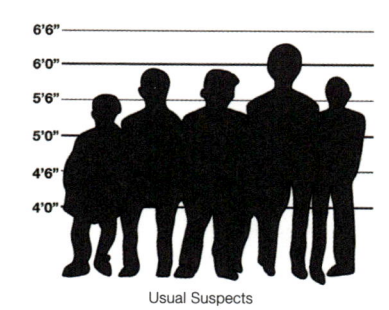 Usual Suspects

그중에서도 가장 유력한 용의자를 선택해 그가 지갑을 훔쳤는지 강하게 의심했다.

그런데 의심하다 보면 파고들수록 반드시 뭔가가 있다는 느낌이 들어서, 이에 집중하면 점점 마음속 증거들이 자기 식으로 맞춰진다.

지갑을 도둑맞았다는 의심이 심증으로 굳어지니 내 마음속에 불같은 분노가 일어났다.

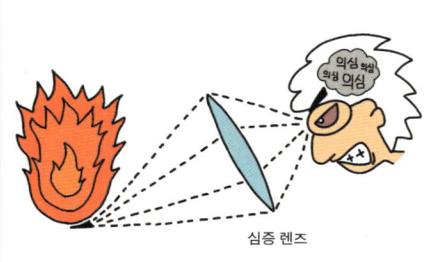

그러면서 범인의 불순한 의도에 대해 함부로 추측하면서 상상의 나래를 펼쳐 혼자 삼류 소설 쓰는 데 몰두했다.

[피해 사고]

[관계/과대 사고]

하지만 심증은 있어도 물증이 없어서 그 후 다른 타깃들을 계속 의심했고, 그러다 보니 모두 증거불충분 상태가 되어 범인을 찾을 수 없었다.

결국 내가 화를 내는 대상은 이제 특정 몇몇이 아니라 불특정다수로 변해갔고

이 사회의 양심과 도덕, 교육 문제뿐만 아니라 국민성과 인간 본성까지 다루며 지갑을 잃어버린 모든 탓을 사회로 돌리게 되었다.

하지만 이렇게 했는데도 내 마음이 풀리기는커녕 이상하게도 화만 더 났다.

외부 요인이 불확실해지니
이제는 내부 요인,
즉 나 자신을 바라보게 되었다.

이 수박이 단 건지 잘 모르겠는데...
내 혀가 문제인가?

역시 수박은 속을
확인해봐야지.

외부 요인에서 답을 찾지 못하니
내부 요인까지 파고들게
되었다는 뜻이다.

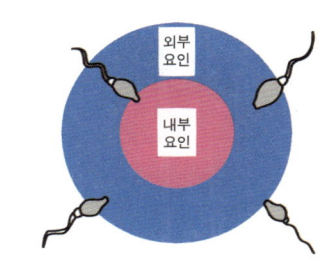

어쩌면 중요한 건
안에 있을 수도!

파고 또 파고, 계속
파다 보면 뭔가가...!

그러고 보니 이 모든 게
내 잘못 같았다.

남 탓할 거 하나도 없어.
애초에 지갑 속에 그렇게 많은 돈을
넣어두질 말았어야 해.

(뭐, 내가 귀신이었다고?
반전이군!)

[과거 분실물 사례들]
우산 10개 이상
샴푸 5개 이상,
휴대전화 3개 이상...

내가 못나서, 내가 바보 같고
멍청해서 지갑 하나 간수 못 했다는
생각이 들어 자신감을 잃고
자존감이 바닥을 쳤다.

네가 하는 게 다 그렇지 뭐.

(자신감)

(자존감)

그러자 나를 지탱해주던
방어막이 없어져서 감당하기 어려운
우울감이 몰려왔고 그 파도에 압도되어
우울감에 휩쓸렸다.

게다가 나 자신이 거액의 돈을
잃어버린 원흉임을 깨닫자
마음에 갈등이 생기고 결국 더 큰
우울감을 맛보게 되었다.

그렇게 우울의 소용돌이에
휩쓸리다 보니 불안은 점점 더 심해져
악순환이 되었다.

결국 나는 예민해져서 뭐든
삐딱하게 듣기 시작했다.

지나치게 반응하다 보니 주위 사람들과의 관계마저 어려워졌다.

그래도 이런 내 모습을 있는 그대로 봐주고 받아들여준 사람은 아내였다.

아내는 나와는 달리 꽤 둔감하고 느긋한 성격의 소유자로, 평소에는 내가 아내를 답답하다고 생각하곤 했다.

하지만 아내의 그런 성격이 오히려 악순환을 무너뜨리는 데는 좋은 방법이 되었다.

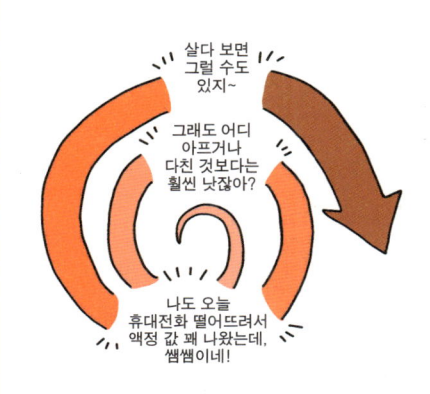

물론 지갑 분실 소동으로 인한 여파가
아내의 말 몇 마디에 바로 사라진 건
아니었지만, 서서히 좋아지긴 했다.

이런 과정을 겪으면서 꼭 비슷한
성격끼리만 잘 맞는 건 아닐 수도
있겠다 싶었고, 남녀 관계에 대해서도
다시 한 번 생각해보는 계기가 되었다.

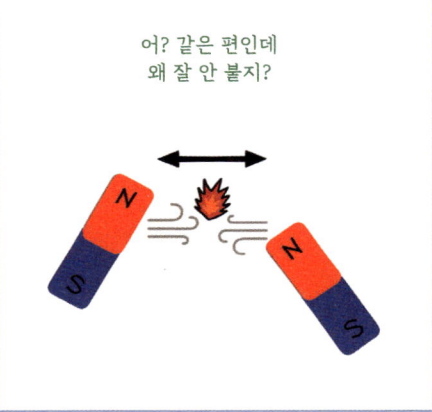

이렇게 우리는 일상 속에서
타인들과 다양한 관계를 맺으면서
살아가고 그 안에서 여러 감정과
생각을 나눈다.

지금까지 정신과 진료 현장에서는
이런 다양한 반응을 다루어왔다.

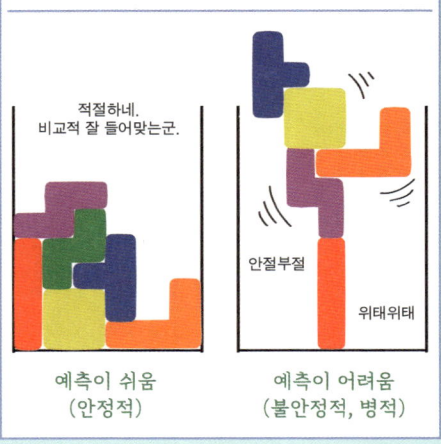

그러므로 이 책에서는 먼저 정신과에 대한 사람들의 인식과 정신과 상담에 대해 간략히 소개하려 한다.

또한 관계 속에서 흔히 볼 수 있는 우울, 불안(공황), 의심, 분노 등의 감정이나 상태도 살펴본다.

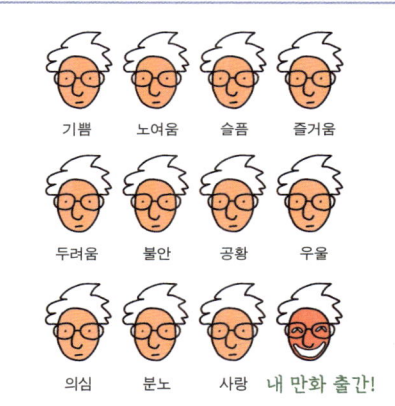

더불어 연애나 결혼을 통해 적응하고 성장하는 우리의 관계에 대해서도 다루어보겠다.

정신과에서 다루는 증상이라고 하면 막연히 멀게 느껴지지만, 실제로는 우리의 일상적인 삶 속에서 흔히 경험할 수 있는 것들이 많다. 예를 들어 우리가 느끼는 기분과 연관되는 우울이나 불안, 분노 등이 있고 우리가 가지는 생각과 연관되는 의심, 그것보다 굳어진 망상이 있다. 그 외에도 여러 가지 증상들이 우리 일상에 정도의 차이는 있겠으나 다양한 양상으로 녹아들어 있다.

당연히 정신과 의사인 나의 일상에서도 이런 증상들을 충분히 볼 수 있는데, 마침 내가 지갑을 또 잃어버리는 바람에(사실 내가 허술하다 보니 이런 적이 한두 번이 아니다. 이제껏 잃어버린 우산, 지갑, 휴대전화, 여권 등만 해도 한 트럭은 될 것이다) 위에서 언급한 증상들을 몸소 다시금 체험하게 되었다. 마침 잘되었다 싶어, 그 멋진(?) 경험을 바탕으로 이 책에서 다룰 내용을 간략히 소개해보았다.

지갑을 잃어버린 내용을 다루게 된 또 다른 이유도 있다. 일반적으로 인생에서 부정적인 감정을 느끼는 경우는 크게 두 가지로 말할 수 있다. 하나는 원하던 것을 얻지 못해 좌절감을 느끼게 될 때이고, 또 하나는 가지고 있던 것을 잃어버려 상실감을 느끼게 될 때이다. 이 두 가지 경우 중에서 원래 없었던 것을 얻지 못한 전자의 경우보다는, 가지고 있던 것을 잃어버린 후자의 경우가 심리적으로 타격이 좀 더 크다 보니 일상 속의 정신과적 증상들이 다채롭게 나타난다. 따라서 무언가를 잃어버린 상황이 다양한 증상을 소개하고자 하는 내 의도와 잘 어울린다고 생각했다. 또한 우리가 무언가를 상실했을 때 생각과 감정이 어떻게 흘러가는지, 그리고 그 가운데 나타날 수 있는 증상들이 어떤지를 내 경험을 통해 전달하고 싶었다. 아마 단순히 물건뿐만 아니라 다양한 상실을 겪어본 적 있는 사람이라면 내 이야기에 공감할 수 있을 것이다.

그러나 증상이나 병 자체에 대해서만 이야기하고 끝낸다면 그건 반쪽짜리 이야기밖에 안 된다. 당연히 그런 증상이나 병을 좋아지게 할 수 있는 방법, 즉 치료에 대해서도 반드시 생각해야 한다. 내가 정신과학을 배울 때 은사님들께서 항상 "나빠지면 왜 나빠졌는지는 많이들 생각하는데, 좋아지면 왜 좋아졌는지는 그만큼 생각하지 않는다!"라고 말씀하셨는데, 이제야 그 말씀이 정말 이해가 된다. 앞으로 나올 내용에서는 내가 지갑을 잃어버리고 난 후 어떻게 그 증상들을 회복했는지뿐 아니라 이와 비슷한 여러 정신과적 증상들을 어떻게 치료하는지에 대해서도 나름대로의 해법을 쉽게 전달하려 애썼다.

지갑을 잃어버린 후에 나를 편안하게 만들어준 건 바로 시간, 망각, 주의 전환이다. 먼저, 시간의 힘은 항상 꾸준하고 자연스러우며 그 위력이 가면 갈수록 커지는 특성이 있다(사실 시간의 위력 때문에 다음에 또 무언가를 잃어버리는 것일지도 모르겠다…). "시간이 약이다"라는 옛 어른들 말씀처럼 나도 그 힘을 항상 실감하고 있고, 이제는 이런 내용을 방문하는 환자들에게도 똑같이 말해주고 있다.

두 번째로, 개인차는 있겠지만 가끔은 망각이 우리를 편하게 만들어주기도 한다. 보편적으로는 기억을 잘하면 무조건 좋다고 생각하지만, 사실은 이런 경우 쉽게 잊어버리는 것이 오히려 도움이 된다. 아이러니하게도 ADHD가 의심되는 아이들 혹은 치매가 의심되는 노인들만 기억을 잘 못 한다고 정신과를 방문하는 것이 아니라, 도리어 안 좋은 기억들을 잊지 못해서 많이 괴로워하는 사람들 또한 많이 찾아오곤 한다. 쉽게 잊어버리는 게 정말 나쁘기만 할까? 한 번쯤 곰곰이 생각해볼 일이다. 그런 의미에서 망각은 시간의 힘과 더불어 불편한 감정을 둔화할 수 있다.

마지막으로 주의 전환은 고통스러운 생각이나 환경에서 다른 영역으로 주의를 돌리는 것인데, 이 또한 사람들이 알게 모르게 많이 쓰는 방법이고 꽤나 효과가 있다. 일종의 회피일 수도 있지만 나는 증상이 심할 경우에는 때때로 초반에 회피하는 편이 더 나을 수도 있다고 생각한다. 36계의 마지막 계책이 '주위상走爲上(여의치 않으면 피하라)'이듯, 무조건 부딪혀보는 것만이 능사는 아니며 때로는 스트레스 요인으로부터 달아나는 편이 더 좋을 수도 있다. 쉬운 예로 좋아하는 음악을 듣거나, 영화에 푹 빠지거나, 미친 듯이 운동을 하거나, 그림 그리는 데 몰두하는 등 다양한 방식을 통해 심리적 악순환을 끊을 수 있다는 것이다.

　이러한 해법은 단지 지갑을 잃어버렸을 때만 적용할 수 있는 것은 아니다. 많은 정신심리적 증상들이나 질환에도 상당 부분 적용이 되니 누구든 한번 시도해볼 수 있다. 어쩌면 약물 치료와 함께 충분히 상승 작용을 기대할 수 있는 좋은 시도이므로, 이 책에 나오는 여러 치료적 내용들을 읽어볼 때 이 세 가지 해법도 같이 떠올려보면 좋겠다.

　'시작하기 전에: 지갑을 잃어버리다'는 마치 영화에서 예고편을 보여주는 것처럼 전달되도록 그려보았다. 물론 이 짧은 에피소드에 모든 내용을 다 담을 수는 없겠지만, 우리가 잘 몰랐던 정신과적 증상들과 치료에 대해 약간의 맛보기라도 되어서 여러분의 이해를 돕고 본론에 자연스럽게 연결되기를 바라 마지않는다.

1장

사람들은 정신과를
어떻게 바라보고 있을까

1장 사람들은 정신과를 어떻게 바라보고 있을까

정신과를 방문한다는 것

정신과 방문은 아직도 꽤나 망설여지는 일이다.	최근 들어 현실적인 부담이나 제약은 점점 줄어들고 있다고 볼 수 있지만, 아직도 개개인의 심리적 부담감이나 걱정은 여전해 보인다.

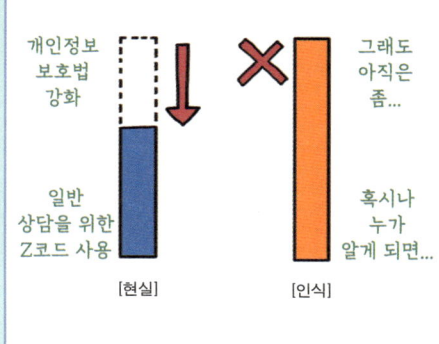

너무 힘들고 괴로워서
어떻게든 도움을 받고자
정신과를 찾아오려 하다가도,

여러 가지 요인들 때문에
이내 움츠러들거나 망설이다가
결국 오지 못한다.

하지만 시작이 반이라는 말도 있듯,
용기 내어 오신 분들은
방문 자체로 좋아질 가능성을
이미 충분히 갖고 있다.

정신과 진료에서는
먼저 가장 중요한
병력 청취부터 충분히 해본다.

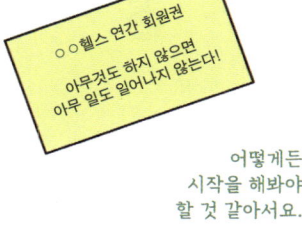

그러고 나서 현재 어떤 상태인지 또 원인은 무엇인지 정확한 평가를 위해 검사를 시행하는데, 정밀 기계를 통한 검사도 있지만 대부분은 심리 검사나 증상 체크를 많이 한다.

자율신경계, 스트레스 수치...

왠지 시험 치는 기분이 드네.

이제 그 결과들을 토대로 치료 방향을 잡고, 환자와 의논해 치료를 진행한다.

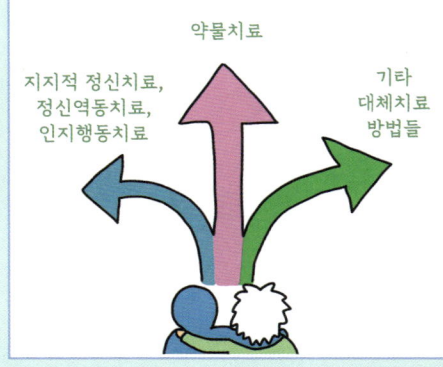

사실 영화나 드라마에서는 효과가 굉장히 빠르고 즉각적으로 보이지만,

실제로 그런 경우는 흔하지 않고 오히려 너무 빨리 좋아진 경우에는 금세 다시 나빠지기 쉽다.

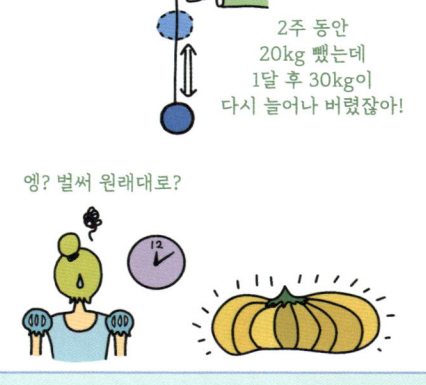

결국 정신과 치료란 긴 시간 동안 지속적인 코치와 조언을 통해 큰 그림을 그려 목표에 접근하는 과정이라고 볼 수 있다.

따라서 정신과 의사의 역할은 눈앞의 결과가 아니라 좀 더 먼 곳을 보면서 한 걸음씩 차근차근 가이드해주는 게 아닐까 생각한다.

어떤 모임에서든 내 소개를 하면서 정신과 의사라고 하면 사람들의 반응이 다양하고도 재미있다. 마치 셜록 홈스나 유명한 프로파일러를 만난 것처럼 혹시 자신의 생각을 다 읽히는 게 아닌가 싶어 슬그머니 피하시는 분도 있고, 바로 상담 모드로 돌입해 가족, 친지 혹은 본인의 문제를 한 보따리 풀어 놓는 분도 있으며, 정신과적 증상에 대한 지적 호기심을 보이며 본인이 아는 정신질환에 대해 이것저것 물어보시는 분도 있다.

하지만 내가 그런 사람들을 만날 때마다 항상 하는 이야기가 있다. "제가 몸담고 있는 정신과도 대부분 다 사람 사는 이야기, 즉 인생의 한 단면일 뿐 그렇게 특별하지는 않아요. 뭐, 우리 정신과 의사들에게 특별한 능력이 있는 것도 아니고요. 그냥 환자들이 우리를 믿고 솔직하게 이야기해주면, 우리는 거기에 맞춰서 최선을 다해 지식과 경험을 적용해서 문제를 해결할 수 있도록 돕는 거죠."

환자도 사람이지만 정신과 의사도 역시 사람일 뿐이다. 사람으로서 사람을 만나 치료적 관계rapport를 형성하고, 사람으로서 가능한 범위 내의 치료적 행위를 한다. 그렇게 해서 좋은 결과가 있어 기쁘고 즐거울 때도 있지만, 때로는 좋지 않은 결과에 슬퍼하고 좌절하기도 한다. 하지만 이러한 과정도 결국 우리 모두 한계가 있는 사람으로서 환자와 의사가 함께 만들어가는 인생의 또 다른 모습이 아닐까 생각한다.

이렇게 사람과 사람이 만나 맺는 관계 속에서 정신과 상담이 이루어진다. 상담을 하다 보면 내담자들은 가끔 양극단으로 치우쳐 생각하게 될 수 있다. 한쪽은 상담 자체에 별 의미나 효과가 없으리라고 생각하는 것이고, 반대쪽은 상담에 너무 큰 의미를 두고 많은 기대를 하는 것이다.

전자는 '친구에게 고민 상담하는 것과 뭐가 다르냐'며 상담자의 전문성 자체를 평가절하해 버리는 경우다. 혹은 한두 번이나 짧은 기간 동안 상담을 받아본 결과를 바탕으로 너무 쉽게 판단해버리기도 한다. 후자는 정신과 의사가 전문가이므로 뭔가 특별한 능력이 있을 것이라고 생각해서, 자신의 모든 문제를 다 해결해줄 것이라고 과도하게 믿는 경우다. 이러한 양극단의 생각을 다르게 표현하면 한쪽은 '어떤 도움도 필요하지 않으며 모든 문제는 나 스스로의 의지로 이겨내야만 한다'고 생각하는 것이고, 반대쪽은 '나는 아무것도 할 수 없으니 무조건 치료자가 다 해결해주어야 한다'고 생각하는 것이다.

하지만 실제로 정신과 상담은 이 양극단의 중간 어디쯤에 있는 것 같다. 쉽게 말해서, 치료자와의 관계를 통해 필요한 도움도 받고 동시에 나 스스로도 노력하는 균형이 필요하다는 뜻이다. 또한 정신과 상담은 100미터 달리기나 3판 2선승제 씨름 같은 단기간의 승부보다는 42.195킬로미터의 마라톤 같은 장기전에 비유할 수 있다. 사람의 마음이라는 것은 단번에 그리 쉽게 바뀌지 않으므로, 진정한 변화를 이루려면 꽤나 오랜 시간이 필요하기 때문이다.

나를 제대로 바라보고 또 변화시키고 싶다면, 먼저 충분한 기간을 두고 상담해야 한다. 1만 시간의 법칙을 적용할 필요까지는 없지만, 자신을 위해 시간을 어느 정도 충분히 확보한 후 상담해보자. 그 시간의 무게가 당신을 더 나은 곳으로 이끌 것이라고 나는 믿는다.

내 마음의 쓰레기통 비우기

| 우리 집 청소 상태는 그다지 좋지 않다. 아니, 솔직히 매우 좋지 않다! | 집이 좀 깨끗해지면 좋겠다 싶어서 나름대로 해법도 제시해봤다. |

하지만 해법을 궁리해봐도
해결이 되긴커녕
더욱 혼란스럽기만 했다.

먼지는 공기청정기가 아니라
청소기를 사용해야
제대로 없앨 수 있기 때문이다.

어찌 보면 참 우습고
어리석은 이야기지만,
사실 우리 마음도 이와 같을 수 있다.

때로는 바쁘게 살다 보니
몸에든 마음에든 여유가 없어서
청소를 자꾸 미루기도 한다.

결국 이런저런 이유나 환경 때문에
우리 마음을 직접 청소하기는
정말로 쉽지 않다.

하지만 미루지 말고 두려움에서 벗어나
우리 마음을 제대로 마주보아야 한다.
때로는 불편한 진실과
마주해야 한다 하더라도.

또한 힘들고 괴롭지만 끝까지
제대로 청소해야 한다. 이때 청소를
도와주고 함께 있어주는 것이
바로 정신과의 역할이 아닐까?

"산삼을 캐러 다니는 심마니가 건강한 이유는 산에서 캔 산삼을 자주 먹어서일까, 아니면 맑은 공기 마시면서 온 산을 돌아다니다 보니 그만큼 활동량이 많아서일까?"

어떤 현상이 발생했을 때, 사람들은 흔히 그 발생 원인을 찾고자 한다. 그런데 가끔은 부수적인 요인을 주된 원인으로 착각하곤 한다. 진짜 중요하고도 주된 원인을 간과하게 된다는 말이다(본질적인 것과 그렇지 않은 것의 차이를 구별하지 못했을 수도 있다). 부끄럽지만 나 또한 이런 경험을 종종 하는 편이다. 최근의 예로, 얼마 전 공기청정기를 구입했다. 공기청정기를 아무리 가동해도 집이 깨끗해지지 않아 고민이었는데, 생각해보니 청소를 하지 않고 공기청정기만 돌려서는 아무 소용이 없다는 것을 깨달았다.

내 마음의 쓰레기통을 제대로 비우는 일은 참 쉽지 않다. 특히 오랫동안 묵혀왔던 내 마음속 쓰레기를 내 손으로 하나하나 끄집어내서 처리하느니, 때로는 그냥 구석으로 밀어두고 마음을 꾹꾹 억누르는 일이 훨씬 쉽고 편하게 느껴질 수 있다. 그래서 흔히 '에구, 그냥 푸념이나 하고 말지!' 하고 적당히 환기만 시키며 하루하루 지내는 것일지도 모른다.

하지만 한 번쯤은 내 마음속 쓰레기가 무엇인지 제대로 마주보고 그 쓰레기를 어떻게 해결할지 고민해볼 필요가 있다. 이때 어쩌면 전문가의 도움이 필요하다는 생각에, '정신과에 가서 상담을 받아볼까'라는 고민도 하게 될 것이다. 전문가의 도움에는 여러 종류가 있겠지만, 이를 포괄적으로 통틀어서 정신치료Psychotherapy라고 한다. 실제 임상에서 환자를 진단하고 치료할 때 흔히 사용하는 치료 방식을 간단히 구분해보자.

먼저 지지적 정신치료와 정신역동적 정신치료, 정신분석이 있다. 지지적 정신치료는 면담할 때 가장 흔히 쓰이는 방식으로, 내담자의 자아 강도를 증진시키고자 이야기를 들어주고 공감하며 격려하는 치료 방식으로 보면 된다. 전문성은 분명 차이가 나겠지만, 정말 친한 친구가 내 얘기를 들어주고 맞장구쳐주며 힘내라고 등을 두드려주거나 자기만의 노하우를 조언해주는 것에 비유해볼 수 있다.

정신역동적 정신치료는 무의식과 연관된 경험, 즉 어린 시절의 경험이 현재의 생각이나 행동에 큰 영향을 준다는 전제를 둔다. 자신에 대해 좀 더 깊이 깨닫고 문제 해결을 위한 변화를 도모하는 방식이라 할 수 있다. 마지막으로 정신분석은 정신역동적 정신치료보다 좀 더 깊이, 포괄적으로 무의식을 다루어 현재 문제뿐만 아니라

● 여기서의 환기란 정신과 용어로 감정을 드러내고 발산한다는 의미다.

성격처럼 근원적인 차원에서의 변화를 꾀한다고 보면 된다.

쉽게 말하자면, 몸이 약하고 잔병치레가 많은 사람이 있을 때 지지적 정신치료는 그 사람을 업어주기도 하고 그에게 음식이나 약을 주며 따뜻한 옷과 안식처를 제공하는 것이다. 정신역동적 정신치료는 그 사람의 몸을 약하게 만든 과거의 잘못된 생활 습관이나 식단 등을 알려주고 깨닫게 해서 교정해보는 것이다. 정신분석은 이와 더불어 기본적인 자세 교정과 운동, 대인관계 등 생활 전반의 문제를 알아보고 변화를 꾀함으로써 더욱 근본적이고 포괄적인 회복을 이루는 데 중점을 두는 것으로 비유해볼 수 있겠다.

또한 더 실용적인 치료 방식인 인지행동치료(인지치료+행동치료)도 있는데, 왜곡된 생각이나 행동을 합리적으로 교정하고 현재 문제에 초점을 맞추는 실질적 개념의 치료 방식으로 볼 수 있다. 간단히 말해 '아, 이런 거였구나!' 하고 깨달으면(인지치료), '이제 깨달은 대로 한번 실천해볼까?' 하고 시도하면서(행동치료) 시행착오를 통해 더 긍정적인 변화를 꾀하는 것이다. 소림사에서 계단을 수천 개씩 오르내리며 기초 체력단련만 하기보다는 지금 당장 써먹을 수 있는 실전 무술을 배우는 느낌이라 할 수 있겠다. 그래서 다른 정신치료 방식들보다는 효과가 빠른 편이고(물론 약물치료 속도에 비할 바는 아니다) 그 특징을 살려 우울이나 공황장애 때 흔히 쓰이는 방식이다. 이 외에도 가족 치료나 소아를 위한 놀이치료 등 다른 여러 종류의 정신치료 방식이 있지만 이 정도만 언급하려 한다.

사실 급속도로 변화하는 현대 사회에 사는 우리는 안타깝게도 자기 자신에 대한 근원적인 해결보다 그때그때 증상만 해결하고 고비를 넘기는 경우가 대부분이다. 마치 허리가 아픈데 왠지 검사하면 큰 병이 있을 것 같으니까 원인을 찾기보다는 진통제만 복용하며 하루하루 버티는 것처럼 말이다. 하지만 이렇게 쓰레기통에 쓰레기를 쌓아두고 치우지 않으면 결국 냄새가 나고 벌레가 꼬인다. 시간이 흐르면 우리 마음속에 방치된 질환들이 당연히 더 심해진다. 그러므로 지금 조금만 용기를 내어서 자기 자신을 제대로 마주해보자. 그리고 거기서 드러난 문제들을 하나하나 해결하는 과정이 반드시 필요하다.

1장 사람들은 정신과를 어떻게 바라보고 있을까

03

진료하면서 난감한 순간들

정신과 진료를 하다 보면
난감한 순간들이 있다.
첫째는 학교 가기 싫다는 학생을
부모가 억지로 보내려고 할 때다.

나하곤 아예
말도 안 하려고 해서
한번 와봤어요.

(님의 침묵…)

아, 그래요?
(요새 학교 가기 싫다는 애들이 많네…)

학교를 안 가려 하는 본인만의
이유가 있는지 물어보기도 하고,

혹시 부모님께
얘기 못할 이유가
있는 거니? 아니면
다른 계획이라도?

그냥요.
몰라요.
없어요.

(극도의
시크 모드)

가족 관계나 가정 내 분위기를
부모님에게서 들어보려
애쓰기도 하지만

아니, 그게 강요한다고
될 일은 아닌 것 같아서...

그것보다
가족 관계에 대해
말씀 좀...

선생님이 약하게
나오시니까
애가 더 그러잖아요!
강하게 밀어붙여도
모자랄 판에!
기선제압 몰라요?

저 녀석 학교만 가면
우리 가족은
아무 문제 없다니까요!

내게 학생이 학교 가게 만드는
어떤 특별한 능력은 없다.

혹시라도
하고 싶은 말 있으면
언제든 와서 해! 들어줄게.

나 건드리지
좀 말라고!

(일단 친해져서
치료 관계 형성부터
되어야 할 텐데...)

둘째는 외도한 배우자를 데리고 와서
정신이 번쩍 들게 혼내달라고 할 때다.

선생님! 오늘은 이 사람
단단히 혼 좀 내주세요!
이것도 병이죠?

찌릿!

(오히려 내가 더
혼날 것 같은데)

히익, 혼을 낸다고 될 문제도
아니지만 이번은 특히
더 그럴 수가 없다고!

이 경우, 자칫하면 일방적인 비난이
가득한 '인민 재판' 분위기가 된다.

아니, 잘잘못을
따지기보다
각자 얘기를
먼저 들어봐야
될 것 같은데요...

남편이
다 잘못했잖아요!
선생님,
제 말 맞죠?

(쪽팔리게
대체 여긴
왜 데리고
와 가지고!)

서로가 화를 참지 못하고 폭발하면
진료실은 말 그대로
아수라장이 되기도 한다.

사실 나는 갈등을 중재할 수 있을 뿐,
혼내는 데는 전혀 재능이 없다.

오히려 혼나는 게
내 전문이다.

셋째는 수면장애 환자가 도무지
못 잔다며 약을 더 처방해달라고
요구하는데,

같이 사는 보호자가 보기에는
엄청 많이 잔다고 할 때다.

수면장애를 치료할 때 객관적 상황과
주관적 느낌, 그 차이 때문에
수면제 처방이 늘 어렵다.

정신과 진료를 하다 보면 꽤나 난감한 순간들이 많은데, 이번 만화에서는 그중 흔한 상황 세 가지를 소개해보았다. 사실 이렇게 만화로 보니 피식 웃고 넘어갈 일처럼 보이지만, 실제 진료 현장에서는 상당히 진지하고 심각한 문제이기 때문에 절대로 가볍게 여길 수 없다.

특히 환자들이나 보호자들의 얘기를 자세히 들으면 들을수록 그들의 고통이나 속사정을 더욱 절실히 느끼게 된다. 제3자의 입장에서 듣는 나조차도 이렇게나 난감한데, 실제 그 상황을 몸소 경험하는 환자나 그 모습을 옆에서 지켜보는 보호자는 얼마나 더 괴롭고 힘이 들까 싶다. 때로는 '오죽하면 여전히 문턱이 높다고 할 수 있는 정신과까지 찾아와서 이런 무거운 얘기를 할까' 하는 생각마저 든다. 그럴 때면 뭔가 속 시원하게 해결을 해드리고 싶은 마음이 굴뚝같아진다.

이 세 가지 상황들 중에 특히 첫 번째 에피소드는 자세히 얘기해보고 싶었다. 최근 들어 학교를 안 가려는 학생들을 데리고 방문하는 상담 사례가 부쩍 많아지는 것 같다. 당연히 부모는 자녀가 학교 졸업장은 따야 된다고 생각하기 때문에 어떻게든 보내려 하고, 학생은 나름대로 학교에 가기 싫은 확실한 이유들이 있어서 정말 못 가겠다고 버틴다. 보내려는 자와 안 가려는 자의 줄다리기가 무척이나 팽팽하다.

그리고 그 가운데에 내가 서 있다. 사실 내게도 딸이 있기 때문에 자식을 향한 부모의 마음은 충분히 이해가 된다. 학교를 가지 않았을 때 발생하는 현실적인 문제들을 무시할 수는 없다는 뜻이다. 하지만 사정을 자세히 들어보면 학교를 가지 않으려는 학생의 마음도 충분히 납득이 간다. 본인 입장에서는 도저히 학교에 갈 수 없는 적절한 이유가 있다.

여기서 학생들이 정말 원하는 것은 무엇일까? 단순히 학교에 안 가기만 하면 되는 것일까? 물론 그런 학생도 있기는 하겠지만, 내 경험으로는 사실 '부모가 자신의 이야기를 진심으로 들어주는 것'을 진정으로 바라고 있던 경우가 훨씬 더 많았다. 많은 학생들이 처음에 어느 정도는 자신의 문제에 대해 얘기하려고 시도했는데, 부모가 잘 들으려 하지 않았던 경우가 대부분이라고 했다. 즉, 이런 결정을 내리게 된 자신의 고민과 감정을 부모는 아예 이해하려는 시도조차 하지 않았다는 말이다. 그래서 결국 부모를 그저 말이 안 통하는 사람으로 여기다 보니 대화나 소통 자체를 더 이상 하지 않으려 하고, 부모 입장에서는 답답한 상황이 지속되니 자녀를 더 압박하게 되는 악순환을 겪는 것 같다.

이런 상황이 발생하는 가장 근본적인 원인은 관계의 문제다. 사실 학교를 안 가려고 하는 학생들 중 친구 관계에서 문제를 겪고 있는 경우가 큰 비중을 차지한다. 이와 더불어, 근원적으로는 오랫동안 가족 관계에서도 문제가 있었을 수 있다(최악은 두 관계 모두가 좋지 않은 경우다). 그러므로 이런 경우에는 관계 회복을 위해 먼저 본인이 왜 학교를 가기 싫어하는 것인지 그 이유를 충분히 들어보는 것이 중요하다.

이럴 때 특히 주의해야 할 점이 있다. 부모가 "내가 네 얘기를 들어주기는 하지만, 그래도 어쨌든 학교는 가야 돼!"라는 '답정너'의 자세를 취하면 안 된다는 것이다. 그리고 부모에게 뭔가를 털어놓았을 때(예를 들면 친구 관계 문제 등) 즉각적으로 반응해 해결책을 함께 찾아보고 도움을 줄 수 있는 든든한 지원군이 되어주는 느낌을 전달하는 것 또한 좋은 방법이다.

실제로 명쾌한 해결책을 찾지 못한다고 해도 괜찮다. 결과에 상관없이, 그냥 나와 함께 있어주고 내게 관심과 도움을 준다는 것이 곧 나를 이해해준다는 공감으로 연결되기 때문이다. 그러므로 처음에는 부모가 먼저 변화를 위해 용기를 내어 노력하는 것이 중요하다. 〈달마야 놀자〉라는 영화 중 스님들이 절에서 '깨진 독에 물 채우기' 시합을 하다가 독을 물에 던짐으로써 물을 채우는 데 성공하는 장면이 있었는데, 그런 발상의 전환이 부모에게도 필요하지 않나 싶다. 어떻게 보면 깨진 독과 같은 내 자녀를 품어주어 깨진 부분을 내 마음으로 채울 수 있다면, 자녀와의 관계 회복도 그리 어려운 일만은 아니라고 본다.

임상에서 진료하는 정신과 의사로서의 역할은 위의 내용들을 조언하는 것과 함께 자녀에게는 부모의 입장을, 부모에게는 자녀의 입장을 설명하고 이해를 돕는 것이다. 서로 간의 입장 차를 좁히고 이해의 폭을 넓히다 보면 관계 회복에 도움이 된다. 물론 이런 노력은 학교에 안 가겠다는 자녀가 학교에 가도록 보장해주지는 않는다(그래서 일부 부모들은 많이 실망하기도 한다).

하지만 부모와의 관계를 회복한 자녀들은 그 이후 학교를 가든 안 가든 관계 없이 삶이 훨씬 좋은 쪽으로 흘러가는 경우가 많다. 그래서 이런 역할이 반드시 필요하다. 실제로 나는, 비슷한 문제를 겪다가도 이런저런 노력을 통해 결국 부모와의 관계를 회복한 자녀들이 훗날 스스로 검정고시를 통해 좋은 대학에 가기도 하고 본인이 진정 원하는 것을 찾아 열심히 배워서 남들보다 앞서 나가는 사례를 많이 보았다.

부모가 원하는 대로 학교에 억지로 보냈다가 관계가 완전히 깨져서 좋지 않은 결과를 초래하는 것보다는(이때는 졸업장도 아무 소용이 없어진다) 당장 학교에는 가지 않더라도 장기적으로 관계를 회복하는 편이 훨씬 낫지 않을까? 처음에는 시간과 노력이 필요하겠지만, 좀 더 멀리 보고 천천히 나아간다면 내 자녀가 그만큼 스스로 노력하고 또 행복해하는 모습으로 보답하지 않을까 생각한다.

관계 회복을 위한 이런 노력들은 영화나 드라마에서처럼 즉각적이거나 극적인 변화를 일으키는 경우가 드물다. 마치 겨울이 언제 끝나나 싶을 정도로 길어 보이지만 여유를 가지고 기다리다 보면 때가 되어 봄이 찾아오듯, 서서히 변화한다는 말이다. 충분한 시간과 노력이 조화를 이루어야 한다. 특히 위에서 말한 관계 회복을 위해서는 기본적으로 부모와 자녀라는 양측 대상의 노력이 함께 필요하고, 정신과 의사는 그 입장 차를 모니터링하면서 끊임없이 조율해야 한다. 번거롭고 성가시기도 한 과정이다 보니 난감한 상황들이 더 많이 생길 수도 있지만 양측 대상 사이에서 조율하는 전문가의 역할은 꼭 필요하고, 충분 기간 동안의 이러한 시행착오가 관계를 더 성숙하게 해줄 것이다.

더불어 정신과 의사로서 환자를 대할 때 내가 기본적으로 가지고 있는 마음가짐은 다음과 같다. 먼저, 해결 방법을 제시하기보다 충분히 '들어주고 listening', '공감해주는 empathy' 것이다. 그리고 또 하나는 '현재, 여기서 here and now' 내가 할 수 있는 것부터 해보는 것이다. 누구든 흔히 할 수 있는 말이고 어쩌면 너무 단순한 원칙일 수도 있지만, 임상 진료 환경에서는 아직도 상당히 유용하게 쓰일 수 있다고 생각한다. 아직도 내가 진료하면서 난감한 상황에 처할 때면 나름대로 대처하는 방식이기도 하다. 환자와 보호자 그리고 이 사이에서 조율하는 전문가까지 모두 서로 경청하고 공감하며 현재 여기서 각자가 할 수 있는 것부터 하나하나 해나간다면 난감한 상황들을 잘 헤쳐나갈 수 있으리라 믿는다.

2장

관계, 우리를
기쁘게도 슬프게도 하는 것

2장 관계, 우리를 기쁘게도 슬프게도 하는 것

관계, 그 패턴의 미학

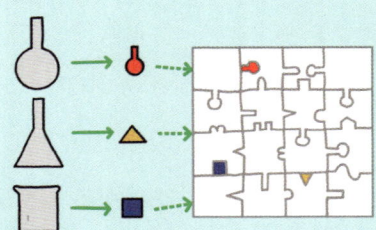

인간은 사회적 동물이므로, 살아가는 한 계속 누군가를 만나고 관계를 맺게 된다.

그런데 관계를 자세히 관찰해보면 신기하게도 비슷한 양상이 반복되는 모습을 자주 볼 수 있다.

오늘도 친구 신청이 왜 이렇게 많아?

모르는 사람도 많네. 이건 관계를 맺고, 요건 삭제를 하고...

교수님과 내가 친구?

뜨아, 실수로 교수님의 친구 신청을 수락해버렸네!

이번에 만난 사람도 모든 여자에게 잘해주는 스타일이더라고...

또 그런 사람을 만났단 말이야? 저번에도 그랬잖아!

그래도 자꾸 그런 사람에게 마음이 끌리는 걸 어떡해?

정신 좀 차려!

56

끌리는 타입에 자기도 모르게
또 끌리는 경향이 있기도 하고,

사람들과 관계를 맺을 때
특정 유형을 유독 싫어하는
경향을 보이기도 하며,

관계를 끝낼 때도
주로 비슷한 이유로
헤어지게 된다.

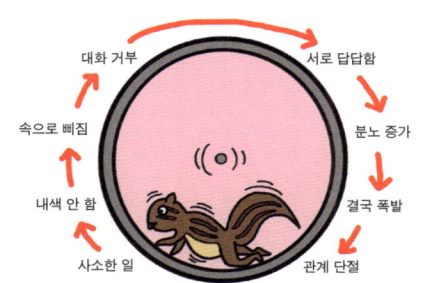

즉 관계의 시작에서부터 끝날 때까지
그 사람만의 일정한 패턴이
있다는 뜻이다.

이 고유한 패턴 때문에 누구를
만난다 해도 비슷한 양상으로
흘러갈 가능성이 높다.

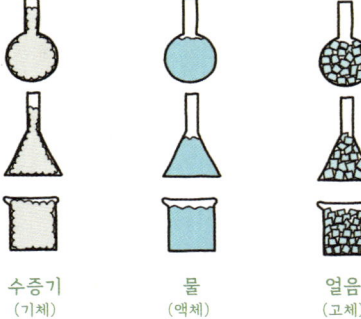

수증기
(기체)

물
(액체)

얼음
(고체)

때로는 패턴을 부정하고
내가 아닌 모습을 받아들이려고
잠깐 애를 써보기도 하지만,

처음에는 대부분
비슷해 보이는데…

시간이 흐르면 흐를수록
자신의 원래 패턴이
고스란히 드러나게 마련이다.

역시 가면 갈수록
자기 모양을 찾아가게 되는구나.

사실 그런 패턴은, 거슬러 올라가 보면
어릴 때 부모나 다른 주 양육자에 의해
대부분 형성된다.

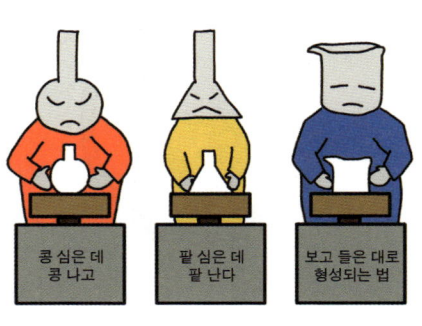

콩 심은 데
콩 나고

팥 심은 데
팥 난다

보고 들은 대로
형성되는 법

그래서 패턴을 파악하려 할 때는 부모와의 관계가 매우 중요하다. 최초의 인간관계이기 때문이다.

더 나아가, 동성이나 이성 간의 관계를 알아볼 때도 부모와의 관계를 되짚어보는 게 큰 도움이 될 수 있다.

무엇이든 처음이란 건 큰 의미가 있죠.

특히 어머니와의 관계를 훨씬 더 중요하게 봅니다.

남자 친구와 자꾸 트러블이 생겨요...

어머니와의 관계는 이미 알아봤으니... 혹시 아버지와의 관계는 어땠나요?

각자에게 고유의 패턴이 있다 보니, 비슷한 환경에서 나타나는 결과가 천차만별일 수 있다. 예를 들어 술을 마시면 폭력적으로 변하는 부모가 있다고 하자.

어떤 자녀는 그 모습이 너무 싫어서 극단적으로 술을 안 마시려 한다.

(예전에 했던 이야기들 무한반복 중)

$%&#@#&^# #$^^@#%···

나는 죽어도 저렇게는 안 살 거야!

내 자녀에게는 저런 모습을 절대 안 보이게 완벽해질 거라고!

반듯한 자녀

(감정을 억압하거나 금욕주의적인 방식으로 흘러간 것으로 보임)

또 다른 자녀는 그 모습을
너무 싫어하면서도
결국 비슷하게 되어버린다.

이렇듯 그 사람의 성격이나 사고방식,
방어기제 등의 다양한 패턴은
당시 환경과도 영향을 주고받는다.

어쩌다가
내가 이렇게
되어버린 거지?

아, 정말 미치겠네!
술 마시고 그냥 다
잊어버리고 싶다!

두리뭉실한
자녀

(공격자와의 동일시 쪽으로
흘러간 것으로 보임)

[타자 패턴]
거포형,
컨택형,
주루형

[환경]

[투수 패턴]
강속구형, 변화구형,
오버핸드, 언더핸드

또한 역사가 반복되듯
인생에서도 이런 패턴이
끊임없이 반복된다.

그러므로 이런 다양한 패턴과 함께
환경적인 요소까지 알아봄으로써

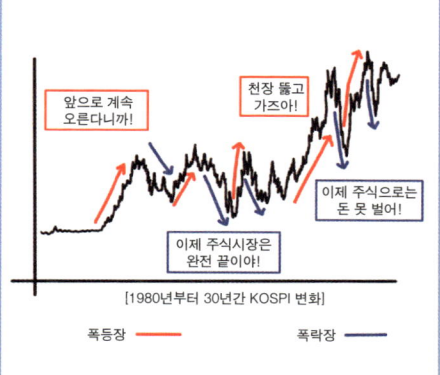

앞으로 계속
오른다니까!

천장 뚫고
가즈아!

이제 주식으로는
돈 못 벌어!

이제 주식시장은
완전 끝이야!

[1980년부터 30년간 KOSPI 변화]

폭등장   폭락장

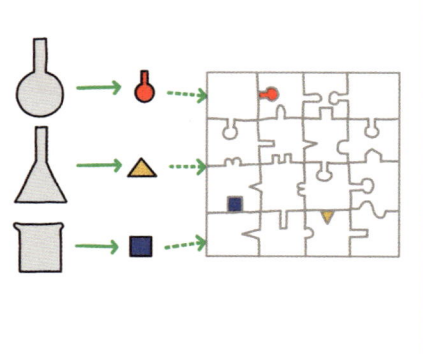

각자의 패턴을 서로 어떻게 맞추는 것이 좋을지에 대해 뒤에 나올 연애와 결혼 과정을 통해 자세히 알아보자.

또한 서로 맞춰가는 과정 속에서 흔히 불안, 우울, 의심, 분노 등이 연이어 나타나므로 이 부분도 다뤄보도록 하겠다.

16조각 퍼즐로
재미있게 맞춰보아요!

우리는 살아가면서 어떤 것들 때문에 감정을 느끼거나 정서적인 영향을 받을까? 즉, 무엇 때문에 기쁘고 슬프고 화가 나고 즐거울까? 여러 가지 요인들이 있겠지만, 가장 큰 요인은 사람들 사이의 관계가 아닌가 싶다. 친구 관계도 있고 직장 동료나 상사와의 관계도 있겠지만 가장 큰 영향을 미치는 것은 아무래도 오랫동안 함께 지내온 가족 관계일 가능성이 높다. 그렇게 본다면 가족을 구성하는 가정이 그 최소 단위 집단이라고 할 수 있는데, 가정은 일반적으로 결혼을 통해 이루어진다. 더 확대해서 생각해보면 그 결혼이 이루어지게 하는 이전 단계는 나랑 다른 사람을 받아들이는 과정인 연애라 하겠다.

그러므로 정신과에서 흔히 볼 수 있는 일상 속의 증상들을 소개할 때, 바로 이 연애와 결혼에 대한 부분을 미리 설명하고 싶었다. 조금 과장되게 말하면 연애만 제대로 해도 인생의 단맛이나 쓴맛, 즉 기분이 들뜨거나 불안한 느낌 또는 우울하거나 의심되며 화가 나기도 하는 다채로운 증상들을 쉽게 경험할 수 있다. 그만큼 우리가 관계를 통해 받을 수 있는 정서적인 영향이 강력하다고 할 수 있겠다.

결혼은 어떤가? 결혼은 나 혼자가 아니라 타인과 인생을 함께하겠다는 책임감까지 가지게 되므로, 연애보다도 정서적인 무게감이 훨씬 더 크다고 할 수 있다. 게다가 매일 반복되는 결혼생활 속에서 다양한 감정들을 더욱 여실히 느끼므로 인생의 깊은 면을 처절히 경험하고 또 그만큼 성숙해지는 듯하다.

연애나 결혼은 기본적으로 누군가를 '좋아하게' 되는 데서 시작한다. 이 좋아한다는 감정은 크게 나누어 두 가지 방향으로 볼 수 있는데, 자신을 향하거나 아니면 타인을 향한다(좋아하는 감정, 즉 애정뿐만이 아니라 다른 많은 감정이나 생각 또한 이 두 가지 방향으로 나뉘는 경우가 많다. 이런 것들은 관계 안에서 마치 생물처럼 살아 움직인다. 프롤로그에도 언급했듯이 지갑을 잃어버리는 사소한 일에서조차 그 요인을 타인 그리고 자신에게서 각각 찾지 않았던가?). 이 책에서는 자신을 향하는 애정인 자기애보다 타인과의 관계를 더 자세히 다루고자 하므로, 타인에 대한 애정을 생각해보도록 하자.

정신과에서는 타인을 관계 형성에 없어서는 안 될 하나의 대상 object으로 본다. 대상과의 관계 중에서도 출발점으로 볼 수 있는 것은 당연히 부모, 특히 어머니와의 관계다. 정신과에서는 이 관계가 성격 형성에 아주 중요한 역할을 한다고 본다. 자아심리학과 대상관계 이론을 통합한 이디스 제이콥슨 Edith Jacobson의 학설을 간단히 살펴보면 이러하다.

2장 관계, 우리를 기쁘게도 슬프게도 하는 것

먼저, 유아에게는 어머니가 만족을 주느냐(즐거움) 혹은 좌절을 주느냐(불쾌감)에 따라 어머니의 초기 이미지가 형성된다. 어머니와의 좋은 경험이 리비도libido˙가 되기도 하고 나쁜 경험이 공격성이 되기도 한다는 것이다(당연히 리비도 에너지가 우세해야 유리하다). 유아는 아직 미성숙하다 보니 때로는 어머니와 재융합해 하나가 되려는(합일화incorporation˙˙라고도 한다) 원초적 동일시primitive identification˙˙˙ 과정을 겪기도 하면서 조금씩 성장한다.

이후 유아가 어머니의 이미지를 닮아가려고 모방하면서 서로 감정적 조율이 이루어지고 자아형성 과정이 진행된다. 나중에는 점차 자기와 대상을 식별할 수 있게 되는 개별화 과정을 통해 현실적이고 독립적인 자아로 성장한다. 즉, 이제는 단순히 대상인 어머니 자체가 되려고 하기보다 내가 바라는 어머니의 모습처럼 되고자 노력한다고 할 수 있다. 이런 과정이 지속적이고 일관되게 나타나면 통합적인 자아발달이 이루어진다. 이렇게 혈연 관계인 어머니, 더 나아가 가족들과 어릴 때부터 통합적인 대상관계object relation˙˙˙˙를 형성하면서 타인에 대한 관계 형성의 기초를 쌓는다고 할 수 있다.

자아가 어느 정도 성장한 뒤 독립적인 존재가 되면 이제는 가족이 아닌 다른 대상과 관계를 맺는다. 친구를 사귀거나 연애를 하고 결혼을 하는 과정을 거치는 것이다. 특히 결혼은 완전히 남남이던 사람이 만나 혈연의 기초, 즉 하나의 가정을 만드는 과정이므로 이 관계 형성은 상당히 의미가 있다. 혈연이라는 부모의 그늘을 벗어나서 나만의 새로운 인생을 시작하는 제2의 출발이라고 볼 수도 있다.

공교롭게도 이 새로운 시작에서 관계가 형성되는 과정 자체는 어렸을 때 처음 맺는 부모와의 관계에서 진행된 과정과 크게 다르지 않다. 처음 누군가를 좋아할 때는 당연히 익숙지 않고 경험도 부족하다. 대상을 너무 좋아하다 보니 미성숙하게 재융합하려는 원초적 동일시 과정을 겪거나 막연히 닮아가고자 모방하는 경우도 많다.

하지만 시간이 흐르면서 개별화 과정을 통해 대상을 현실적으로 인식하고 '나는 저렇게는 안 될 거야!'라고 생각하는 등 대상의 다양한 측면을 구분하게 된다. 그래서 좋은 점은 배우고 나쁜 점은 타산

- 지크문트 프로이트Sigmund Freud가 주장한 이론에서 비롯되었다. 관능적인 쾌감의 근원이 되는 가설적 에너지로, 쉽게 말해서 사람을 움직이게 하는 심리적 에너지라고 할 수 있다. 윌리엄 페어베언William Ronald Dodds Fairbairn은 대상을 추구하거나 대상과 관계를 맺고자 하는 욕구로 보기도 했다.
- •• 타인의 특성을 내 것으로 만들지 않고, 그냥 구강기적으로 대상을 꿀꺽 삼켜 동일해지려는 것이다. 미성숙하게 비슷해지려는 것으로 보면 이해가 쉽겠다.
- ••• 동일시란 남의 성격이나 역할을 나의 일부로 삼는 무의식적인 과정이다. 자아와 초자아 형성에 중요한 기능을 하는데 자녀가 부모를 닮는 것, 제자가 스승과 비슷해지는 것 등을 예로 들 수 있다. 즉, 대상의 성질을 내 안에 끌어들여 내 것으로 만든 후 나만의 고유한 심리 구조를 형성하는 것이다. 그중 원초적 동일시는 단순하게 따라하는 식의 미성숙하고 세련되지 못한 동일시이다.
- •••• 매우 복잡하고 다양한 개념이지만, 포괄적인 의미에서 실재하는 사람, 사물, 장소 등의 외적 대상관계와 심리적으로 경험되는 마음속 이미지, 생각, 감정, 기억 등의 내적 대상관계로 나눌 수 있다. 여기서는 현대의 대상관계 이론에 근거해, 심리적 상호작용이 이루어지는 대인관계라고 생각하면 쉬울 것 같다.

지석으로 삼으며, 그런 부분도 대상의 일부로 인정하는 선택적 동일시 과정을 밟는다. 물론 이 과정에서 상대방의 피드백에 따라 그런 관계 형성이 성공하기도 하고 어긋나기도 한다. 마치 어릴 때 어머니의 태도가 지나친 만족을 주느냐, 좌절을 주느냐에 따라 아이의 성격 형성이 좌우되는 것처럼 말이다. 이런 과정에서 결국 중요한 것은 대상에게 좋은 부분도 있고 나쁜 부분도 있다는 상반된 이미지를 어떻게 통합하느냐다.

쉽게 말하자면, 나와 관계된 사람들에게는 좋은 점도 있지만 나쁜 점도 있으니, 좋은 점만 보고 전부 좋은 것처럼 너무 의존하지도 말고 반대로 나쁜 점에 몰입해 전부 나쁜 것처럼 매도하지도 말자는 뜻이다. 실제로 많은 임상 사례에서 자녀들이 예전에는 어머니를 많이 좋아했지만 어떤 사건 때문에 너무 실망하거나 좌절해서 좋아했던 만큼 더 미워하게 되었고, 심한 경우 관계까지 끊으려 하기도 했다. 소위 양가감정*이라는 딜레마 때문에 좋아했던 만큼 실망이 커져서 나중에는 배신감까지 느낀다는 것이다.

하지만 자기 자신을 포함해서 누구에게든 좋은 점과 나쁜 점은 공존해 있다. 그게 인간의 한계가 아니겠는가? 그림을 감상할 때

● 상실감, 슬픔, 혐오 등의 부정적인 감정이 희망과 기쁨, 연민 등의 긍정적인 감정과 함께 섞여 있는 상태로 오이겐 블로일러Eugen Bleuler가 소개했다. 일반적으로는 사랑과 미움이 공존하는 상태를 의미하는데, 불안이나 죄책감을 흔히 일으키기도 한다.

내가 좋아하는 색깔만 보며 즐긴다면 그 그림을 진정으로 즐긴다고 보기 어려운 것과 마찬가지라 할 수 있다. 그림 전체의 느낌이나 조화를 볼 수 있는 안목이 필요한 것처럼, 현실에 바탕을 둔 통합적인 대상관계가 중요함을 이디스 제이콥슨도 강조했다.

사랑하는 사람을 위해 나 자신이 변한다는 것은 사실 정신의학적으로 볼 때 선택적 동일시에 가깝지 않을까 생각한다. 때로는 그것이 미숙하다 보니 무분별한 모방이 되기도 하고 대상에게 실망하거나 좌절함으로써 공격성이 나타나 관계가 깨지기도 한다. 가끔은 과거로 퇴행해버릴 수도 있다. 하지만 현실감을 가지고 좋은 이미지와 나쁜 이미지를 다양하게 알아가면서 서로를 인정하고 맞추어가는 통합 과정을 이 장의 나머지 부분에서 설명하고자 했다.

또한 이런 통합 과정에서 부수적으로 흔히 발생할 수 있는 여러 정서적인 증상들이 바로 불안이나 우울, 의심, 분노 등이다. 실제로 나도 정신과 진료를 하다 보면 이런 증상들을 자주 경험하고 다루게 된다. 결혼 후 갈등을 겪는 과정에서 불안이나 우울 같은 증상들이 나타날 수 있는데, 이런 증상은 자신의 감정을 억누르거나 삼키면서 억압할 때 흔히 발생한다. 그러다가 한계를 넘어서 못 견디게 될 경우 분노로 표출된다. 이때 발생하는 분노는 계속 참다가 폭발하듯 터져 나오기 때문에 원래 상황에서 적절한 정도보다 훨씬 심한 경우가 많다.

가끔은 이 상황을 어떻게든 해결해보려고 완벽주의 모드가 발동

해서 아예 철저하게 상대에게 맞춰가기도 한다. 그런 경우 굉장히 강박적인 성향이 나타날 수도 있다. 그러나 당연히 이것도 한계가 있으니 나중에는 불안이나 우울로 넘어가게 된다. 때로는 정반대로 불안이 너무 심해서 어떻게든 해소하려고 강박 증상이 생기는 경우도 있다. 이렇듯 실제 임상에서는 이런 증상들이 서로 거미줄처럼 얽혀 있는 경우가 많기 때문에 뒤에 언급될 일상 속의 여러 정신과적 증상들을 이러한 맥락에서 연결해 읽어봐도 좋을 것 같다.

나와 비슷한 사람이 좋을까, 다른 사람이 좋을까

연애할 때, 흔히 자신과 비슷한 사람을 만나면 강하게 끌리곤 한다.

성격, 가치관, 기호, 취미, 습관 등이 비슷하면 쉽게 가까워지지만,

수많은 퍼즐 조각 중에서 짝이 될 하나를 찾다 보니, 처음엔 공통점이 많아서 끌리더라고요.

어쩜 이렇게 잘 맞지?

우린 서로 겹쳐보니 딱 맞네!

진짜로 천생연분!

서로 마냥 좋기만 한 시기

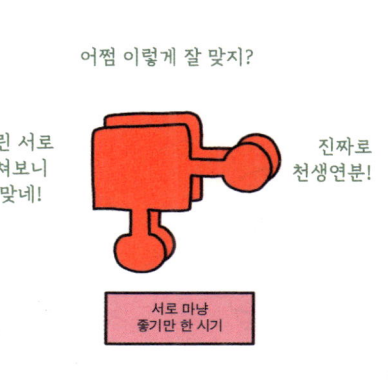

이후 연애가 길어지면서
서로 마주봐야 하는 시기가 온다.

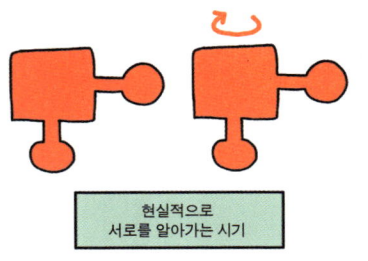

그때는 이상하게도,
비슷해서 좋았던 것들이
지긋지긋해진다.

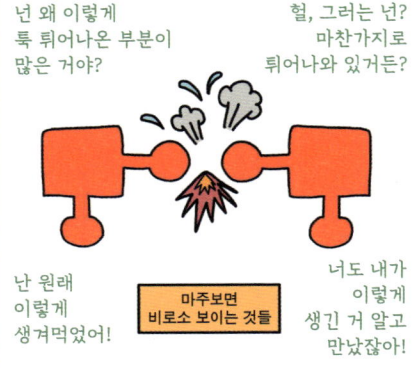

그러므로 비슷하기만 하다고
잘 맞는다거나 서로 잘 어울릴 거라고
생각하기에는 무리가 있다.

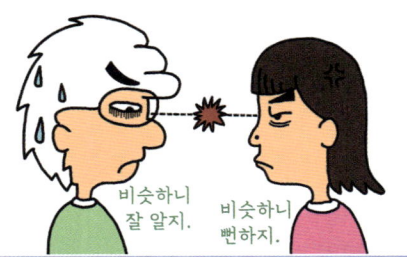

때로는 자신과 전혀
다른 성향을 가진 사람에게
끌리기도 한다.

서로 너무나 다르다 보니
신선하기도 하고 호기심도 생기며,
미지의 세계에 대한 동경처럼
강렬한 감정이 든다.

우와, 이 사람은 이런 점도 있네.

나도 저렇게 한번 살아보고 싶다.

다르다는 게 신기해서 그런지
자꾸 궁금하고 생각나!

게다가 다른 모양이 조합되는 순간
더 잘 맞는다는 느낌까지 든다.

어? 우리가 모양은 달라도 맞춰보니 딱 들어맞네?

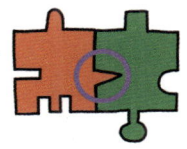

의외로 잘 어울린다는 사실을
깨달은 관계는 마치
흙 속에서 찾아낸 진주같이 빛난다.

하지만 시간이 흐르면 흐를수록
서로 변해야 한다는 부담감이 커진다.
도대체 언제까지 맞춰야 되는 걸까?

여긴 잘 어울리지만

이건 변해야 하며

저건 바꿔야 하고

요것도 맞춰야 한다니!

마치 다이어트를 시작할 때의 상황과
매우 비슷하다.
처음에는 의욕이 넘치지만,

[이상]

올해 목표는 10kg 감량!

운동은 열심히

식사량도 조절하고

휴식도 충분히 취해야지.

난 할 수 있다!

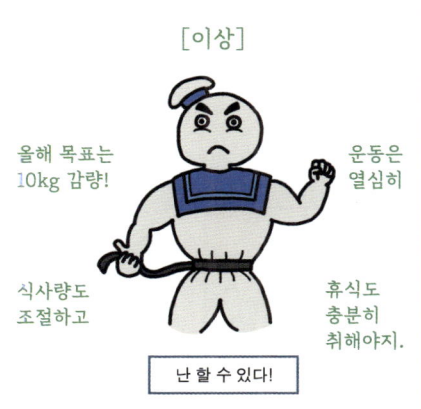

나중에는 현실에 부딪히다 보니 지쳐서 변화에 대한 자신감이 떨어지게 된다.

[현실]

빠지기는커녕 3kg 더 쪘어!

운동은 나름대로 하긴 했는데...

먹는 게 조절이 전혀 안 되네.

매일 야근과 과로로 힘들어.

실제 해보니 정말 어렵다!

그러므로 다른 점 때문에 끌린다고 나와 잘 어울릴 거라는 생각도 무리가 있다.

아, 그냥 성격 차이 때문에…

왜 헤어지게 되었나요?

(성격 차이라는 말은 결국 서로 다르다는 걸 현실적으로 깨달았다는 말이 아닐까)

비슷해도 안 되고, 달라도 안 된다면 도대체 뭘 어쩌란 말인가?

아, 복잡하고 귀찮아. 그냥 짝을 찾지 말까?

사실 이게 가장 어렵고 힘든 문제가 아닐까 생각합니다!

궁리 끝에 조금이나마 도움이 될 수 있는 이야기를 해볼까 한다.

모든 경우에 적용할 수는 없겠지만 한 번쯤 참고할 정도는 되지 않을까요?

(이거랑 저거를 예로 들어 설명해볼까?)

첫째, 나와 상대방의 퍼즐 모양을 제대로 이해하는 것이 필요하다.

지속적인 '틀린 아니 다른 그림 찾기'를 해보자.

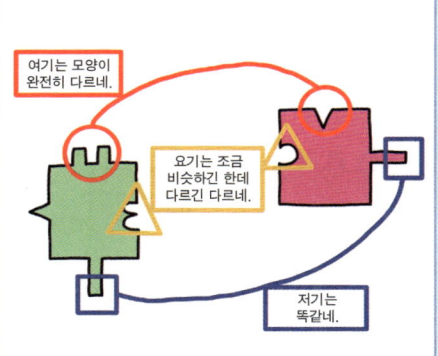

또한 퍼즐 조각들의 성향, 특성이나 서로의 조합도 잘 고려해야 한다.

둘째, 연애 기간 동안 서로 다양한 방식으로 맞춰가려 애쓰는지 확인해야 한다.
뼈를 깎는 노력으로 자신을 깎아내거나,

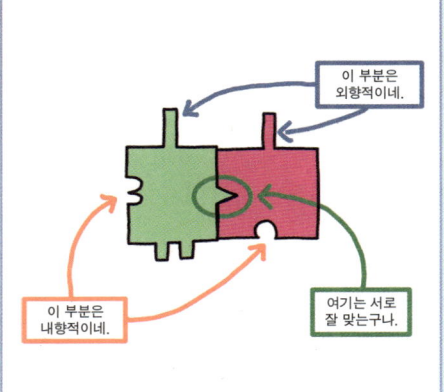

생각하는 방향을 바꾸는
관점의 변화가 가능한지도
확인해보자.

혹은 내가 부족한 점이나
상대가 바라는 점을 채울 수 있다면
분명 잘 어울리는 관계가 될 것이다.

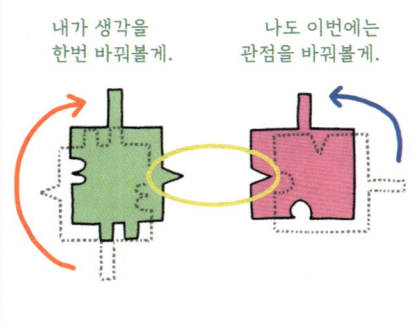

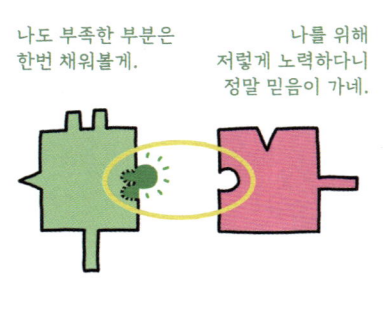

어쩌면 내 반쪽은 애초에 정해져 있어서
기다리기만 하면 되는 운명 같은 것이
아닐 수도 있다.

오히려 일상에서 우연히 만나는
사람들과 계속 서로 맞춰보며
스스로 운명을 개척하는
일종의 보물찾기 같다는 생각이 든다.

셋째, 노력이 지속될 수 있는지
알아보기 위해
꼭 충분한 시간을 가져야 한다.

즉, 시간의 무게를 견딜 수 있느냐
없느냐다. 마치 "왕관을 쓰려는 자,
그 무게를 견뎌라!"라는 말처럼 말이다.

그 시간 동안 좋은 날들을 같이 보내며
즐겁고 행복한 기억을 만드는 것도
연애의 목적이자 중요한 부분이겠지만,

때로는 힘들고 어려운 시간을 같이
보내면서 함께 헤쳐나가는 경험이
반드시 필요하며, 어쩌면 이것이
더 중요한 것 같기도 하다.

결국 연애라는 것은
서로에 대해 충분히 탐색하고 변화하며
인내하는 과정인 듯하다.

탐색 변화와 인내

[연애의 과정]

실제 퍼즐 조각의 모양보다는
서로 얼마나 오랫동안 맞춰갈 수
있는지가 가장 중요한 것이다.

사랑이 피어나는
봄날이 왔구나.

하지만 사실은 이제
겨우 사랑의 시작 단계일 뿐,
앞으로 계속 날아가야지!

연애를 하게 되면, 초기에는 대부분 나랑 비슷한 대상과 쉽게 어울린다. 서로 비슷한 점이나 공감대가 있으면 그 만남이 지속되는 데 중요한 역할을 하기 때문이다. 하지만 꼭 서로 비슷해야만 좋은 만남이나 관계라고 본다면, 혹은 더 나아가 서로 비슷한 것이 마치 운명인 듯 생각한다면 그건 좀 무리가 있지 않을까? 시작이 좋다고 해서 끝까지 좋다는 법도 없고, 비슷하다고 해서 항상 관계가 잘 유지되는 것은 아니기 때문이다. 게다가 아이러니하게도 나중에는 이 비슷한 점 때문에 싸우는 경우도 흔하다.

우리는 보통 '시작이 반'이라고 자주 이야기한다. 하지만 조금만 더 깊이 생각해보면 시작이 사실 반밖에 안 된다는 의미일 수도 있다. 그 만남을 어떻게 꾸준히 지속시키느냐라는 중요한 절반이 남아 있음을 깨달아야 한다는 것이다. 다시 말한다면 '시작도 소중히! 유지도 꾸준히!' 해야 한다. 그렇게 서로서로 자신과 상대가 가진 퍼즐 조각의 모양을 잘 알아가고 또 조정해가는 노력이 필요하다고 생각한다.

한편 사람에게는 비슷한 것에 익숙해지면 쉽게 싫증을 내고 다시 새로운 것에 끌리는 경향도 존재한다(아마도 새로운 것에 대한 본능적인 호기심이 아닐까). 그래서인지 꽤 많은 사람들이 자신과 다른 이들에게 매력을 느끼는데, 드라마 〈꽃보다 남자〉에서 구준표나 윤지후가 평범한 금잔디에게 끌린다든지, 온실 속의 화초처럼 자란 아가씨가 나쁜 남자에게 푹 빠지는 경우들이 종종 있다. 이들은 간혹 주위 사람들이 강하게 반대하면 로미오와 줄리엣 효과로 인해 더욱 불타오르거나 끈끈해지기도 한다. 하지만 어느 정도 시간이 흐른 뒤 주위의 반대가 사그라들고, 현실에서 서로의 다른 면에 부딪히면서 직접 피부에 와 닿게 경험하다 보면 이야기는 달라진다. 예전에 상대방에게서 느꼈던 새로움은 사라지고 나와 정말 다르기만 한 사람이 눈앞에 있다는 사실을 점점 더 깨닫게 되는 것이다. 그 다른 점 또한 익숙해지다 보니 더 이상 새로운 것이 아니게 되어 흥미를 잃는다.

그러면 나와 다른 사람과의 만남은 안 좋기만 한 것일까? 그렇지는 않다. 나와 다른 부분을 경험하면 자신의 부족한 점을 깨닫기도 하고 성장이나 발전의 계기로 삼기도 하는 등 좋은 면들도 상당히 있다. 사실 나와 비슷한 사람은 내가 못 보는 문제를 나랑 똑같이 못 보고 넘어갈 수 있다. 그렇기 때문에 나와 다른 사람이야말로 내가 인식하지 못하거나 깨닫지 못한 문제들을 일깨워줄 수 있는 좋은 거울이 되기도 한다.

하지만 문제는 대부분 상대방에게 나 자신을 맞춰가거나 성장,

발전하는 방향으로 바꾸기보다는 내 기준에 맞추어 상대방 자체를 바꾸려고 하는 데 있다. 마치 내 얼굴에 뭐가 묻었는데 거울에 뭔가 묻었다고 거울을 닦는 것처럼 말이다. 게다가 타인의 마음을 바꾸는 것도 어디 쉬운가? 오히려 나 스스로를 바꾸는 일이 조금 더 쉽지 않을까? 그러므로 서로를 자신의 거울로 삼고 긍정적인 방향으로 변화해가려고 지속적으로 노력하다 보면, 그 과정 속에서 여러 시행착오들을 겪겠지만 결국에는 훗날 서로의 접점을 찾아 멋진 조화를 이루지 않을까 생각한다.

내가 아닌 타인을 만나서 연애를 한다는 것은 타인이라는 존재 자체를 순전히 받아들여야 하기 때문에 정말 쉽지 않은 과정이다. 하지만 연애를 통해 우리가 얻을 수 있는 것들도 충분히 있다. 먼저 상대방, 즉 대상을 통해서 타인을 좋아하는 감정을 배울 수 있고 동시에 타인이 나를 좋아하니까 그것을 통해 내가 나 자신을 좋아하는 감정 또한 강화시킬 수 있다. 타인의 칭찬이나 인정은 자존감에 그야말로 큰 도움이 되기 때문이다. 또한 관계를 형성하는 과정에서 다른 사람에 대한 공감 능력을 키울 수 있고, 내가 그에 맞추어 변화될 수 있는지에 대한 적응 능력을 시험해볼 수 있다(이는 굳이 연애에서뿐만 아니라 직장이나 사회생활에서도 꼭 필요하다). 그러니 연애가 힘들다고 지레 회피하거나 포기하지는 않았으면 좋겠다. 어쩌면 힘든 과정일 수도 있지만 해볼 만한 가치는 충분하니까.

가끔은 연애 그 자체가 내가 즐겁거나 위로받기 위해서가 아닌 인생에서의 성숙을 위한 하나의 중간 과정이 아닐까 하는 생각이 든다. 즉, 연애 과정이 순탄하면 그 순간에는 즐겁고 행복할 수 있겠지만 그것이 인생의 행복을 지속적으로 보장해주지는 않는다. 오히려 나 자신을 갈고 닦아 직장 혹은 친구, 부부를 비롯한 어떤 관계에서도 성숙하게 대처함으로써 행복에 가까워지도록 도와주는 과정이 아닐까? 때로는 나 자신의 부족함에 괴로워하거나 나 자신을 깎아야 하는 힘든 과정일 수 있지만 그런 훈육 과정들이 결국 나를 성장시키고 진정한 어른이 되도록 이끌어줄 것이다.

　또 하나 말하고 싶은 점이 있다. 진정한 연애는 나의 좋은 모습들만 보여주는 관계가 아니라는 것이다. 물론 처음에는 되도록 좋은 이미지를 전달하는 것도 중요하지만, 관계가 서서히 형성되면서 있는 그대로의 내 모습도 조금씩 보여주고 상대방이 그 부분을 받아줄 수 있는지를 조심스럽게 맞춰가야 한다. 그러다 보면 그 관계는 더욱 진실되고 단단해질 거라고 믿는다.

결혼은
끝이 아니라 또 다른 시작

흔히 결혼을 사랑의 결실이라 생각한다. 그러나 결혼은 사실 사랑의 시작에 불과하다.

결혼에서 겪는 시행착오는 연애 때와는 급이 다르다. 연애 때는 보통 좋은 모습만 보여주려 하고 또 그런 모습만 계속 보려 한다.

스포츠 경기 하이라이트 모음

재미있는 장면만!

90년대 골든 히트 또는 베스트 앨범

듣기 좋은 노래만!

서로 겉으로 보이는 부분만 보면서
마치 그것이 전부인 것처럼 느낀다.

하지만 결혼하면 서로 원하든
원하지 않든 실제 모습이나
숨겨진 모습을 마주하게 된다.

또한 상대가 현실적인 대상으로
다가오므로 더욱 격렬한 시행착오를
겪게 된다.

게다가 결혼이란 둘이서만
하는 것이 아니라 서로의 가족과
연결되는 것이기도 하다.

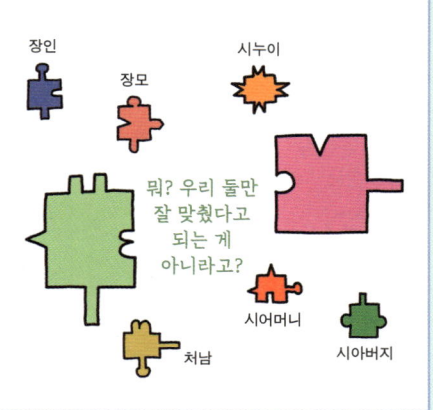

따라서 전체 퍼즐 판을 넓게 보고
큰 그림을 그리며 맞춰가야 한다.

그렇다면 결혼의 현실에서는
또 어떻게 서로 맞춰야 한단 말인가?
긴 궁리 끝에, 나름대로 생각해본
좋은 예와 나쁜 예를 들어 설명해보겠다.

뜨아! 도대체 맞춰야 할
조각들이 왜 이리 많아?

느껴지는 어려움은
1,000조각 이상인데?

갈수록 태산이네...
어째 점점 더 어렵냐!

그냥 사는 거지,
뭘 그리 고민해!

처제
시동생 등

아주버니

아직
한참 멀었단다...

서로 맞춰가는 과정의 좋은 예,
첫 번째. 방향성을 맞춘다.

서로 맞춰가는 과정의 좋은 예,
두 번째. 시간의 힘을 믿는다.

일단 모양을 잘 맞추고

시계 방향으로
갈까?

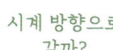

같은 방향으로 가는 게 중요

처음에는 좀 어색하고
부딪히기도 하겠지만

반복 또 반복되는
시행착오를 겪으며

끊임없는
파도를 맞으며
매끈해지는
조약돌처럼

오랜 시간 동안 변화와 인내를 통해
각자의 경계를 허물고
하나가 되는 것이다.

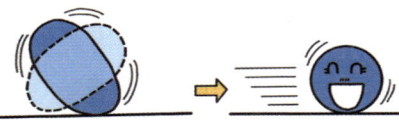

"저 부부는
서로 많이 닮았어."

이제는 마치 한몸이 된 듯
잘 다듬어지고 어우러져

관계가 점점 더
잘 굴러가게 된다.

반대로, 서로 맞춰가는 과정의 나쁜 예,
첫 번째. 모양을 맞추기조차 어렵다.

도저히
맞출 수 없는 모양이야!

설사 모양은
어떻게 맞췄다 해도
한쪽이 다친다.

서로 맞춰가는 과정의 나쁜 예,
두 번째. 가는 방향이 서로 다르다.

너는 시계 방향,
나는 반시계 방향

결국 충돌과 균열이 생긴다.

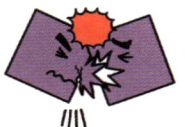

아야, 아프다고!

충격과 균열 이후에도
자기 방향만 고수하면 문제가 생긴다.

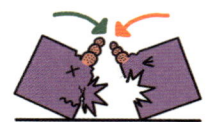 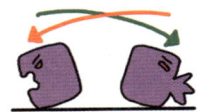

서로의 위상이나 역할 자체가 바뀌기도 한다.

결국 서로 점점 멀어지게 되는 것!

실제로 결혼 후 갈등과 불화를 겪고
이혼을 생각하기도 하는데,
이때는 그게 생각보다 쉽지 않다.

(돌아가기엔 너무 멀리
와버린 것 같구나...)

이젠 각자의 길로 가는 게
서로를 위해 좋을 것 같아...

그 이유는 연애 중에 서로 맞추기
힘들면 아픔이 있다 해도
돌이킬 수 있지만,

마음에 안 들어서
반품하고 싶은데요.
모양과 색깔 다
나랑 안 맞아요!

네, 고객님!
약정은 없고,
배송비 지불하신 후
보내주시면
환불 가능합니다.

결혼한 후 뒤늦게 안 맞으면
돌이키기가 정말 힘들기 때문이다.

마음에 안 들어서
반품하고 싶...

에엥?
너무 복잡하잖아!

파뿌리 약정 위반으로
일단 위약금 XX만원이며,
합의는 1번, 소송은 2번,
그 외 개인정보 이용동의,
공인인증서 등록 및 로그인,
ARS 수신, OTP 인증,
지문 및 얼굴 인식 등등...

여러 현실적인 어려움 때문에
쉽게 헤어지지도 못한다.

현실의 벽

자녀 양육
부모형제 및
친척들 걱정
주변의 시선
경제적 문제
기타 문제들

결국은 이러지도 저러지도 못하고 진자 운동만 반복하게 된다.

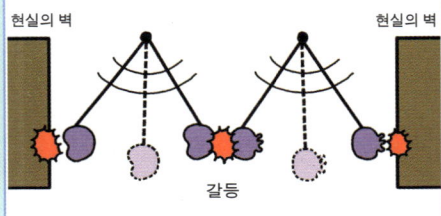

"이제 와서 뭐 어쩌겠어요."
"서로 안 맞으니 애만 보고 사는 거죠."
다들 그렇게 산다니까!

하지만 모든 관계가 이 두 가지 예로 설명되는 건 아니다.
가끔 방향성을 맞추지 않아도 의외로 잘 어울려 지내는 부부들을 볼 수 있다.

육지에 사는 포유류   바다에 사는 어류

바다에 사는데 포유류?

그런 사례는 먼저 각자의 방향성을 확실히 인정하고 존중하는 데서 시작된다.

우리 이렇게 가면 흑만 늘어날 것 같아.

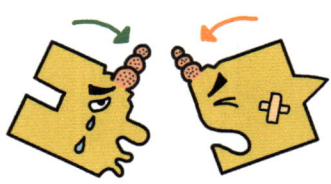

그래, 각자의 방향성을 바꿀 수 없다면 차라리 그 부분은 서로 인정해주자!

서로 조심스레 각자의 방향성을 유지하면서 부딪히는 부분에서는 번갈아 양보도 한다.

이번에는 내가 먼저!

자, 이번에는 내 차례!

그러다 보면 각자의 방향성이
다르다 해도 서로 맞물려
조화롭게 돌아가게 된다.

다르니까 오히려
상대방에게 없는 부분을
채워주기도 하는구나.

상대방을 인정하고
받아들이니
왠지 탄력받아
더 잘 돌아가는
느낌이네.

서로 이런 식으로 맞추니
우리도 잘 어울릴 수 있구나!

결론은, 사랑의 시작인 결혼에서는
미리 충분한 시행착오를 겪어보는 것과
같은 방향으로 나아가는 것이
매우 중요하다.

이미 연애 기간 동안
충분히 예행연습을
많이 해봤다고!

→ 같은 방향으로 나아가는

한결같은 일관성
(consistency)

아니면 차라리 서로 다름을 인정하고
그 안에서 조화를 이루는 것도 좋다.
다양한 방식으로 결혼이라는
퍼즐판을 잘 맞추기 바란다.

각각 음이 달라서 일관성은 없지만
각 음을 잘 조율하고 맞추어
좋은 흐름을 만든다면

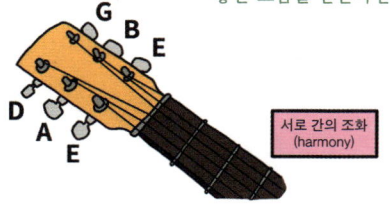

서로 간의 조화
(harmony)

오히려 다르다는 특성이
서로 하모니를 이루어
멋진 멜로디가 나올 수 있다!

연애하면서 서로를 위해 애써 자신을 변화시키고 조각을 맞추었더라도, 문제는 거기서 끝나지 않는다. 관계는 시간이라는 틀 안에서 미래의 어느 곳으로 흘러가야 하거나 혹은 저절로 흘러가게 되는데, 이때 가장 중요한 것은 '서로 어느 방향으로 가는가?'다. 아무리 잘 맞는 사람이라도 장기적인 비전 vision의 차이가 있으면, 처음에는 '그래, 너는 그럴 수 있지' 싶다가도 시간이 가면 갈수록 차이가 벌어져서 나중에는 큰 어려움을 겪을 수 있다. 단순히 성격이 다르거나 취미, 습관이 다른 것과는 완전 별개로, 그리 쉽게 넘어갈 수 있는 문제가 아니다. 가면 갈수록 인생 전반에 걸쳐 지속적인 영향을 줄 수 있기 때문이다.

그러므로 만남을 통한 연애가 사랑의 과정을 위한 연습 게임이었다면 결혼은 본격적인 사랑을 위한 실전 게임이라고 할 수 있다. 나는 사랑의 본질이 장밋빛 꽃길이라기보다는, 포기하지 않고 끊임없이 달려가야 하는 마라톤과 같다고 생각한다. 언제나 중간에 예상치 못한 어려움을 겪게 되어 있다. 결국은 (앞에서도 말했지만) 자신을 다듬어서 상대방에 맞추는 시행착오를 통해 스스로도 발전하고 성장하도록 애쓰는 과정이랄까? 때로는 사랑만이 줄 수 있는 큰 기쁨을 얻지만 그만큼 성장통을 겪기도 하는 하나의 훈육 과정이기 때문에 여간 힘든 고행이 아닐 수 없다.

그래서 그런지 최근에는 비혼주의자가 늘고 있다는 소식을 자주 듣는다. 물론 결혼이라는 것은 하고 싶다고 바로 할 수 있는 것도 아닐뿐더러, 개인의 선택이므로 당연히 강요받아서도 안 된다. 하지만 내 경우에는 결혼 생활이(좀 더 나아가서 아이를 키우는 것도) 나를 많이 성장시킨 큰 동력이 되었다. 만일 내가 결혼하지 않았다면, 혹은 아이를 키우지 않았다면 과연 지금만큼 나 자신에 대해 제대로 알 수 있었을까? 만일 결혼 생활을 겪지 않았다면, 뼛속까지 이기적인 내 모습을 발견한다거나 처절하게 고독하고 약한 모습을 마주하는 등, 소위 '날것'의 모습들을 과연 지금처럼 깨달을 수 있었을까 싶다. 또한 남을 위한 희생이 손해라고 생각했던 나 자신이 '희생이라는 것도 가치가 있구나!' 혹은 '이 아이를 위해서는 이렇게 희생해도 아깝지 않아!'라는 깨달음을 얻는 변화를 겪었을까 하는 생각이 든다.

물론 꼭 결혼을 해야만 그런 깨달음을 얻을 수 있다는 말은 아니다. 당연히 인생의 다양한 경험들, 즉 일이나 취미 혹은 여러 커뮤니티 활동에서도 어느 정도 깨달을 수 있다. 하지만 그런 환경에서 맺는 관계들은 친하다 하더라도 피상적인 경우가 대부분이며 서로 좋은 모습만 보이려 하다 보니 깊은 부분까지는 소통하지 않는다. 반면 가족들은 매일 얼굴을 마주하면서 내 모든 것을 적나라하게 보고, 서로 가식 없이 느끼는 대로 표현하기 때문에 그 영향력이 클 수밖에 없다. 그렇게 보면 확실히 혈연이 아닌 사람과 한 가정을 이루어 가족으로서 같이 산다는 것은 나를 어떤 식으로든 크게 변화시킬 수 있는 중요한 사건임에 틀림없다.

정신과를 방문하는 내담자들의 이야기를 들어보면 결혼에 대한 내용이 다양하게 나온다. 결혼 전의 젊은이들은 결혼에 대한 압박을 많이 느끼는 것 같고, 결혼 후의 신혼부부들은 결혼 생활이 힘들다고 호소한다. 결혼 생활을 어느 정도 한 중년들에게서는 외도에 대해서도 종종 듣게 되고, 나이가 지긋한 노년에서는 자신 혹은 배우자의 건강이나 자식 걱정에 대한 내용이 주를 이룬다.

내 진료 경험상으로는 결혼 초기에 어려움을 겪다 보니 그 시기에 이혼을 생각하는 환자들이 많았다. 그런데 결혼 중반기쯤 되면 (중장년 부부) 어느 정도 적응이 되었는지, 아니면 자식 때문인지 '배우자가 이렇게만 맞춰주면 좋겠다'는 이야기를 하면서 이혼보다는 적응 쪽에 한 걸음 더 가까워진다(물론 계속 안 맞춰지면 졸혼을 결정하기도 한다). 결혼 후반기쯤 되면(노년 부부) 원수 같은 배우자라도 없는 것보다는 낫다며 그냥 아픈 데 없이 있어만 주면 좋겠다고 이야기할 정도로 이혼과는 꽤 거리감이 생긴다. 이혼한 사람들을 진료하다 보면, 이제 좀 편할 줄 알았는데 그렇지도 않다며 우울 증상이 생기거나 몸도 여기저기 더 아프다고 호소하는 경우도 흔히 본다.

특히 내가 아프거나 괴로울 때 옆에 있어줄 사람이 있었으면 좋겠다는 이야기를 많이 들었는데, 아마도 시간이 가면 갈수록 인간적인 고독감을 더 깊이 느껴서 그런 것 같다.

그렇다고 무조건 결혼이 좋다는 뜻은 아니다. 정말 힘든 결혼 생활을 겪다가 이혼이라는 결정을 통해 새로운 삶을 시작하는 사람들도 종종 있다. 내 환자 중에는 결혼 초기에 자기 나름대로는 배우자에게 대부분 다 맞춰주려고 노력을 해왔던 사람이 있었다. 그런데 알고 보니 서로 맞추려고 노력한 것이 아니라 항상 일방적으로 자신만 맞추려고 애썼다는 것이다(이런 사람들은 어릴 때 부모님에게도 억눌려 살거나 부모님 뜻에 맞춰 살아온 경우가 많다). 그동안 자신을 위한 인생을 살지 못하다 보니, 결국 지치고 생활의 한계가 오기 시작했다. 그러면서 나의 존재 자체가 사라지는 것 같고 내가 이렇게 계속 살아갈 수 있을까를 고민하다가 어쩔 수 없이 이혼을 선택하게 된 사례가 있었다.

환자 나름대로는 '나도 숨 좀 쉬자, 이제 좀 제대로 살아보자!' 하는 외침이었을 수도 있다. 이 환자는 이혼을 통해 처음으로 나 스스로 결정한 삶에서 내가 하고 싶은 것을 해보고, 하기 싫은 것은 눈치 볼 필요 없이 안 하면서 진정한 자유를 느꼈을 것이다. 그 사람만의 소중하고도 새로운 인생이 시작되었다는 점에서 주치의로서 참으로 보람되고 뜻깊은 경험이기도 했다.

연애 때 인생의 목표나 비전, 인생관이나 종교 등이 다르다는 사실을 알았지만 '괜찮겠지' 하면서 결혼한 후에, 서로 조화롭게 맞춰가지 못해서 많이 힘들어하다가 결국은 정서적 이혼 상태에 있는 부부들까지도 적지 않게 보아왔다. 어떤 부부들은 마치 살얼음을 걷는 듯이 하루하루가 위태로워 내 심장이 쫄깃해질 정도다. 하지만 내가 감히 그 사람들에게 이혼을 하라 마라 할 자격은 전혀 없다. 그냥 서로의 이야기를 들어주고 그 감정에 대해 충분히 그렇게 느낄 수 있겠다고 하면서 본인의 진심을 메아리로 돌려줄 뿐이다.

흔히 '결혼은 해도 후회, 안 해도 후회'라고 한다. 그 말은 결국 결혼 자체가 결과에 영향을 미치는 것이 아니라, 결혼했을 때 어떻게 맞춰가느냐 혹은 결혼을 안 했을 때 또 어떻게 살아가느냐가 중요하다는 의미가 아니겠나 싶다. 다시 한 번 덧붙이자면, 결혼을 할 때는 그 전에 충분한 연애 과정을 거쳐서 잘 맞출 수 있는지 알아보도록 하고, 이혼을 할 때는 눈앞의 고통이나 단기간의 부적응으로만 판단할 것이 아니라 인생 전반을 보고 신중히 결정하면 좋겠다.

3장

불안,
삶이 희미해진다는 경고

3장 불안, 삶이 희미해진다는 경고

01

두려움과 불안의 차이

우리가 두렵거나 불안할 때 쓰는 말들은 많지만 대부분 애매하고 헷갈린다.	이런 감정을 정신의학에서는 크게 공포fear와 불안anxiety으로 나눈다.

소심하고 예민해. / 무서워! / 겁이 나! / 걱정돼. / 초조하네. / 어쩌지?

[공포]
두렵다 /
무섭다 /
몸이 얼어붙는다 /
아무 생각이
나지 않는다

[불안]
불안하다 /
초조하다 /
안절부절못한다 /
걱정된다

그러면 먼저 공포와 불안이
어떻게 다른지 알아보자.

첫 번째 차이점은
눈앞에 있느냐 없느냐다.

보인다, 보여…

두려움(공포)은 대개 즉각적이고
명확하며 대상이 눈앞에 있다.

불안은 대개 명확하지 않고 애매하며
대상이 눈앞에 없다.
대상이 명확하지 않다 보니
불안한 이유를 모를 때도 있다.

두 번째 차이점은 대상을 피할 수 있느냐 없느냐라고 할 수 있다.

두려움은 실제 세계에 존재하는 대상으로부터 오기 때문에 그 대상만 회피하면 대개 없어진다.

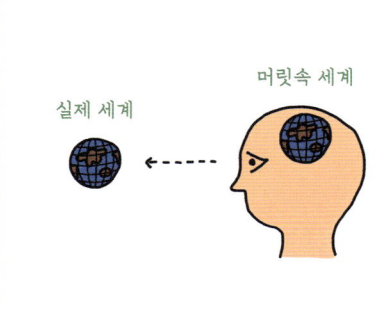

이에 반해 불안은 내 머릿속 세계에서 끊임없이 맴돌며 진행된다.

대상도 명확하지 않은 데다 머릿속에서 빙글빙글 도니 회피가 거의 불가능하다.

세 번째 차이점은 유발 요인이 현재에 있느냐 미래에 있느냐다.

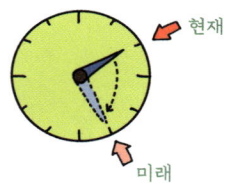

두려움은 현재 발생한 상황이나 대상 때문에 현재에 그 감정을 느낀다.

반면에 불안은 미래에 일어날 수도 있는 일(하지만 대부분은 안 일어날 일) 때문에 현재 앞당겨 그 감정을 느낀다.

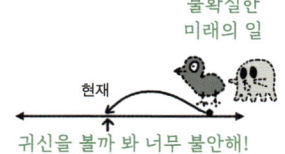

왠지 망칠 것 같아 불안해.

사고 나면 어쩌지?

혹시 심각한 병 아닐까?

사실 이런 과정은 불안을 줄이기 위한 나름의 방어적 대처일 수도 있다.

하지만 걱정을 앞당겨 하다 보니
더 생각이 많아져 결국 더 불안해진다.
결국 걱정이 꼬리에 꼬리를 물고
불안의 악순환이라는 종착역을 향한다.

특히 현대인들은
복잡하고 급변하는 사회에 살고 있고,

결국 안드로메다로 가는구나.

저 놈만 사냥하면 오늘 저녁 해결이다.
우리 부족만 알면 되지, 뭐.

복잡해서 머리 터지겠네!

실제 세계보다 머릿속 세계에
더 많은 시간과 노력을 할애하며,

미래의 일을 예측하고
그에 대처하는 데 익숙하다 보니
불안을 더 많이 느끼는 게 아닐까 싶다.

실제 세계나
직접 부딪히는
체험에 익숙한 편

가상 혹은
머릿속 세계,
간접 체험에 익숙한 편

직접 몸을 쓰는 것을
더 많이 훈련받았다.
(잡생각이 적은 편)

머리로 생각하는 것을
더 많이 훈련받았다.
(잡생각이 많은 편)

당장 오늘
생존해야 해!

앞으로 어떻게
살아야 하지?

일단 발밑부터...

(그대, 먼 곳만 보네요...)

현대인들은 불안을 많이 느낀다. 그것도 한두 가지 이유 때문이 아니라 여러 복합적인 이유로 불안해 하는데, 세상이 예전보다 더 복잡해져서 그런 것 같기도 하다. 게다가 어떤 경우에는 아무 이유 없이 불안해지기도 한다. 이럴 때는 나를 불안하게 만드는 생각들이 서로 꼬리를 물고 연결되어 악순환의 고리를 만든다. 결국 불안 그 자체가 불안의 이유가 되어버리면서 "왜 불안한지도 모르겠어요! 그냥 불안해지니까 더 불안해요"라고 내게 털어놓는 환자들을 흔히 볼 수 있는데, 이상하면서도 왠지 납득이 가는 반응이다.

사실 불안이라는 것은 참으로 그 형태가 다양하고 그와 관련된 질환들도 많지만, 일단은 불안의 개념부터 정확하게 이야기할 필요가 있다. 그래서 불안의 형제뻘 되는 두려움을 비교 설명하면서 불안에 대해 좀 더 명확하게 전달하고자 한다.

두려움(공포)은 현실에서의 확실한 위협 대상이 내 눈앞에 있다. 물론 시각뿐만 아니라 소리, 촉감, 맛, 냄새 등으로도 존재한다. 그래서 그 대상이 있을 때에는 두려움을 느껴도 그 대상이 사라지면 두려움도 함께 사라지는데, 그 대신 대상이 있을 때 경험했던 두려움 때문에 '또 오면 어쩌지?' 하는 불안이 자리 잡기도 한다.

이런 과정에서 많은 이들이 두려움과 불안을 서로 헷갈려서 대상을 피하기만 해도 불안이 사라져야 한다고 생각하는데, 사실 그때는 단지 두려움이 사라진 것이라 할 수 있다. 왜냐하면 불안을 일으키는 대상은 실체가 없고 머릿속에만 있다 보니 쉽게 떨쳐버리기가 어렵기 때문이다. 실체 없는 것을 어떻게 피해야 하는지도 알 수 없는 데다가, 생각과의 싸움을 스스로 통제하기도 어렵다.

사실 불안을 일으키는 생각은 현실적으로 혹은 통계적으로 발생할 가능성이 희박하다. 하지만 그걸 본인이 알고 있더라도 불안은 쉽게 사라지지 않는다. 특히 완벽주의 혹은 강박적인 성향이 있는 사람들은 더더욱 그러한 것 같다. 이런 사람들은 항상 최악의 상황이나 만에 하나 잘못될 경우까지 미연에 방지하려는 생각을 갖고 있기 때문에 불안을 더 많이 느낄 수밖에 없다(혹은 역으로 불안하니까 그걸 해소하려고 더 강박적인 행동을 할 수도 있다).

불안이란 보이지 않는 위험 상황에 미리 예측하고 대처하는 인간의 심리적 안전장치이므로 적절한 불안은 생존에 반드시 필요한 요소이긴 하지만, 이게 지나치면 문제가 될 수 있다. 게다가 안타깝게도 가끔 불안이 주는 걱정들이 실제로 일어나면 '역시 내 생각이 맞았어!'라는 생각에 불안이 심해져 악순환을 더욱 강화하기도 한다.

그러면 어떻게 치료하는 게 도움이 될까? 단기적 관점에서 볼 때,

나를 두렵게 하는 요인들을 현실적으로 피할 수 있다면 초반에는 '회피'도 좋은 방법이다. 일반적으로 회피한다고 하면 그다지 좋게 받아들이지는 않는다. 하지만 앞서 언급했듯이, 지금 당장은 맞닥뜨리면 질 게 뻔한데 돈키호테처럼 돌진할 수는 없지 않은가? "2보 전진을 위한 1보 후퇴"라는 말도 있듯이, 후퇴해서 훗날을 도모하고 두려움에서 벗어나 불안을 극복할 힘을 기르는 것 또한 필요하다. 약물 치료도 효과가 빠르므로 적절히 사용해 도움을 받는다면 좀 더 쉽게 이겨낼 수 있다.

장기적 관점에서 볼 때는 단계적으로 적응하는 방식인 체계적 탈감작법을 포함해 여러 가지 인지왜곡 수정이나 행동치료, 기타 정신치료 등의 비약물적 방식으로 접근하기도 한다(물론 약물 치료와 병행해 상승효과를 기대할 수 있다). 최근에는 예전처럼 획일적으로 치료하지 않고 다양한 접근 방식을 적용해볼 수 있으므로, 정신과 전문의에게 어떤 방식이 좋을지 상의해보는 것이 좋다.

현대인으로 살아가면서, 우리에게는 해야 할 것들이 너무나 많기 때문에 여유가 일종의 사치처럼 느껴진다. 이것은 아이도 어른도, 남자도 여자도 모두 다 마찬가지다. 그냥 아무 생각 없이 아름다운 노을을 바라본다든지, 이곳저곳 다니면서 향기로운 꽃 내음을 느낀다든지 혹은 창밖의 빗소리를 하루 종일 멍하니 듣는다든지 할 수 있는 시간 따위는 없다. 항상 뭔가를 해야만 하고, 해도 해도 끝이 보이지 않는 지긋지긋한 것들이 우리를 짓누른다. 가끔 주말이나 휴가에 쉰다지만, 그건 순식간에 지나가 버릴 뿐 오히려 다가올 월요일이나 휴가 후 복귀할 날만 생각하면 쉬어도 쉬는 게 아니다.

이러다 보면 번아웃 증후군 같은 증상들을 흔히 보게 된다. 심리적으로 고갈된 느낌 때문에 만사가 다 귀찮고 의욕이 없으며, 때로는 누가 건드리면 폭발할 것 같은 전운이 감돌기도 한다. 그러다가 다시 억지로 힘내서 자기 자신을 쥐어짜며 꾸역꾸역 해야 할 일들을 해내지만 그 후에는 강력한 공허감이 파도처럼 마음을 휩쓴다. 또 몸이 항상 피곤하다 보니 주말에는 하루 종일 퍼져 있어 아무것도 할 수 없고(눈 뜨면 바로 월요일 아침) 마치 물 먹은 솜처럼 몸이 무겁다. 항상 골골거리며 잔병치레를 하거나 만성 두통, 요통, 어지러움 등이 생기기도 한다. 몸과 마음이 모두 지쳐버린 총체적 난국이라 할 수 있다. 그러니 요즘 '힐링'이란 개념이나 '한 달(혹은 6개월 이상) 살기'처럼 휴식을 찾아 무작정 떠나는 사람들을 더욱 흔히 보게 되는지도 모르겠다.

그런데 진료 현장에서는 이런 사람들에게 실제로 며칠 쉴 수 있는 시간을 준다고 해도 생각만큼 효과를 보지 못했다. 잠시 동안의 휴식이 여유를 만들어주기는커녕 오히려 더 큰 불안을 가져오는 모습을 흔히 보았기 때문이다. 지금 쉰다고 해도 복귀하면 어떻게 될지 이미 눈에 선하기 때문에 현재의 시간을 전혀 즐기지 못하는 경우가 많았다. 게다가 복귀해서 해야 할 일이 없다고 해도 자신은 아무엇도 안 하고 가만히 있는 게 더 불안하다고 말하기도 했다. 어쩌면 단 한 번도 이렇게 여유를 가진 적이 없어서 익숙하지 않기 때문에 그런지도 모르겠다.

어쨌든 정도가 심한 번아웃 증후군일 경우 잠깐의 환경 변화는 큰 효과가 없어서 그런지 최근에는 아예 휴직이나 이직을 고려하거나 실제 행하는 사람들이 점점 더 많아지는 것 같다. 이제는 남들이 아무리 좋은 길이라고 해도 나에게 맞지 않으면 과감히 그 길을 수정하겠다는 용기를 가진 자들이 늘었다는 말이다. 다시 말하면 미래의 행복을 위해 현재를 희생하거나 꾹꾹 참아왔던 이들이 이제는 현재의 행복을 선택하기 시작했다는 의미이기도 하다.

이런 선택은 결국 자기 자신만 할 수 있기 때문에 다른 사람들이 옳다 그르다 판단할 수 없으며 설사 정신과 전문의라고 해도 절대로 이래라 저래라 할 수 없다. 정신과 전문의는 해답을 주는 게 아니라, 진정 본인이 원하는 것이 무엇인지를 같이 의논해보고 길을 찾는 데 도움을 줄 뿐이다. 그러므로 일정 기간 동안 충분히 재충전의 시간을 가지고 적응력을 높이든, 차라리 새로운 길을 찾든, 어느 쪽이든 괜찮다. 온전히 자신을 위한 선택이기만 하다면 말이다.

번아웃 증후군과 같이 현대인들을 짓누르는 압박감은 이제 정서적인 한계에 다다를 정도로 심해진 것 같다. 어쩌면 우리에게는 그 옛날 대자연을 누비며 현재를 살아가고 나만의 진정한 자유를 느꼈던 부족민들의 삶이 가장 필요한 게 아닐까…?

3장 불안, 삶이 희미해진다는 경고

분명히 몸이 아픈데 이상이 없다니

정신과에서 불안에 관해 설명할 때 빼놓을 수 없는 것이 바로 공황장애다.

왜냐면 일단 공황장애는 증상이 굉장히 강렬하고 심한 데다가 일상에서 흔히 보이기 때문이다.

또한 이 질환은 꼭 몸에 이상이 있는 것처럼 신체적 증상을 보인다는 특징이 있어 몸의 문제라고 오해하는 경우도 많다.

더불어 증상의 강도에 비해 약물치료 효과가 좋아 증상이 빠르게 호전된다는 특징도 있다.

사람들에게 공황이 뭐냐고 물어보면, 최근에 많이 알려지긴 했어도 정확히는 잘 모르는 듯하다.

공황장애가 어떤 건지 아시나요?

아, 들어봤어요. 연예인들에게도 흔히 있다고...

혹시 공항이나 비행기랑 연관 있으니까 공항장애 아니에요?

먼저 공황이라는 말의 뜻부터 풀어보자. '공'은 공포영화에서 느껴지는, 즉 기겁할 정도의 두려움을 의미한다.

짜잔!

히익! 너무 두렵고 무서워! 몸이 꽁꽁 얼어붙는 것 같아!

'황'은 어쩔 줄 모르거나 당황해서 쩔쩔 매는, 즉 멘붕 상태를 의미한다.

공황장애는 이런 상태가 갑작스레, 예고 없이 들이닥친다. 그래서 그 충격이 더 클 수도 있다.

공황의 대표적인 증상으로는 첫째, 가슴이나 심장과 연관된 것이 있다. 심장이 엄청 빨리 뛴다거나 심장 소리가 너무 크게 들린다.

혹은 가슴이 아프거나 조여오고 때로는 큰 돌이 얹힌 것처럼 묵직하게 눌리는 느낌이 들어 가슴이 답답하다 호소하기도 한다.

둘째, 숨 쉬는 것과 관련된 증상도 흔하다. 숨이 턱 막히거나 답답한 느낌, 들이쉬고 내쉬는 물리적 호흡 자체가 힘든 느낌을 겪는다.

숨 쉬는 효율이 떨어지기도 한다. 숨을 쉬긴 하는데 산소가 안 들어오는 것 같아 자주 한숨 쉬거나 심호흡하고 때로는 과호흡하기도 한다.

셋째, 소화기 계통과 연관된 증상도 꽤 있다. 목에 뭔가 걸려 잘 안 내려가는 느낌이나 체한 느낌이 들어 속이 아프기도 하고 답답하기도 하다.

소화기 기능 자체가 떨어져서 입맛이 없고 소화가 안 돼서 더부룩함, 메스꺼움, 구토 등이 발생하고 설사와 변비가 반복되기도 한다.

넷째, 머리와 연관된 증상이다.
주로 어지럽거나 두통이 있는 경우다.

가끔은 멍하거나 흐릿한 감각 때문에
인지 기능이 떨어진다고
호소하기도 한다.

다섯째, 자기 자신의 통제력을
잃는 증상이 나타날 수 있다.

그래서 아무리 마인드컨트롤을 하거나
긍정적으로 생각하려 해도 잘 안 된다.

여섯째, 때로는 온몸에서 괴상하거나 혼란스러운 감각을 경험한다. 갑자기 식은땀이 나거나 통증이 있고 소리, 냄새, 온도 등에 예민해진다.

온몸의 감각이 다양한 방식으로 저하되거나 상실되기도 한다. 몸의 부분 마비나 손발 저림, 혹은 온몸에 힘이 쭉 빠지는 감각 등도 있다.

꿈속이나 구름 위, 안갯속을 걷는 느낌 혹은 주위가 매우 낯설거나 어색한 비현실감이나 이인증을 경험할 수도 있다.

이렇듯 공황에서 흔히 경험하는 증상들은,

생명과 직결되는 아주 중요한 요소라 환자가 불안해할 수밖에 없다.

이러다 갑자기 심장이 터지거나 멈춰서 죽는 거 아냐?

갑자기 숨이 막혀 몇 분 만에 죽는 거 아냐?

어지러운 거 방치하다가 중풍(뇌졸중)으로 죽는 거 아냐?

내 상태가 나쁠 때 아무것도 못하고 꼼짝없이 죽는 거 아냐?

그러다 보니 검사란 검사는 전부 해보고, 했던 검사를 반복해서 또 하기도 한다.

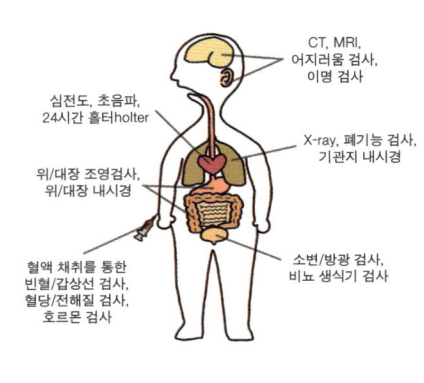

그렇게 수 차례 검사를 해도 결과는 정상이다.

정상입니다! 아무 이상 없다니까 안심되시죠?

전혀요! 이렇게 괴로운데 아무 이상 없다니 더 두렵고 막막하다고요!

(검사 결과가 잘못됐나? 다른 데서 한 번 더? 설마 현대 의학도 못 푸는 희귀 난치병?)

가끔씩 증상이 매우 심해지면 응급실을 드나들기도 하는데, 원인을 찾고자 또 검사를 해도 결과는 똑같다.

으아! 나 죽을 것 같아! 빨리 어떻게 좀 해주세요!

이렇게 증상이 심하니 이번엔 분명 뭔가 문제가 있겠지!

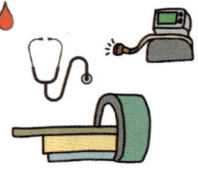

언제나처럼 명확한 원인은 나오지 않고 오히려 꾀병으로 오해받기도 한다.

이 상황은 양치기 소년에 비유할 수 있다. 즉, 초반에는 사람들이 환자의 말을 믿어주다가도,

이런 일이 반복되면 더 이상 믿지 않고 외면하기까지 해서 환자가 혼자 속앓이를 하다가 우울해지기도 한다.

나중에는 스스로도 몸이 아니라 마음의 문제인가 싶은 생각이 든다.

그렇게 길었던 방황을 끝내고
마침내 정신과로 오게 되는 것이다.

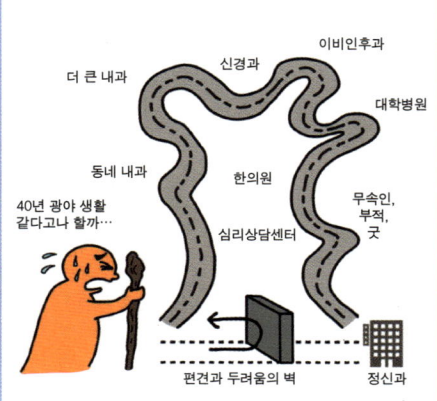

공황panic은 경제 분야에서 대공황 등의 용어로 사용되지만, 정신심리학적 영역에서는 갑작스럽고 극심한 공포와 불안을 표현할 때 흔히 쓰인다. 상황에 따라 다르게 쓰이는 용어인 데다가 이 증상이 극단적으로 심한 사람은 비행기를 못 탄다는 이야기도 자주 들리니 '공항장애'로 착각한 사례도 있다.

또한 공황장애의 증상 자체도 헷갈려서, 근원은 심리적인 불안인데 겉으로는 꼭 신체적인 이상이 있는 것처럼 나타난다. 그러다 보니 공황장애를 겪는 환자들은 용어 자체에 대해서도 정확히 이해하지 못하는 데다가 '꼭 몸에 이상이 있는 것만 같다'는 생각 때문에 신체적인 검사나 치료를 반복해서 받는다. 그래서 공황장애 치료를 위해 정신과에 바로 오는 경우는 매우 드물고 먼 길을 돌아 돌아 고생하다가 종착역처럼 정신과를 방문하게 되는 것이다. 사실 공황장애 환자가 느끼기에는 신체적 증상이 너무나 심하니, 과연 심리적인 문제 때문에 신체적 증상이 이 정도까지 심하게 나타나는 게 가능한지 충분히 의심을 할 만도 하다.

하지만 최근에는 많은 연예인들이 자신의 공황장애 치료 경험을 진솔하게 이야기해주기도 하고 매스컴에서도 흔히 다루다 보니, 예전보다는 공황장애가 확실히 더 많이 알려진 것 같다. 사실 정신과에서는 공황장애가 응급실에서 가장 많이 경험하는 질환 중 하나인데, 정신과 전문의인 내 입장에서 볼 때는 다른 질환에 비해 공황장애 증상들이 꽤 명확하고 전형적인 양상을 보이는 편이다. 그래서 병력 청취와 기본적인 증상 평가만 해보면 진단이 그렇게 헷갈리거나 어렵지는 않다.

공황은 그 증상의 정도를 측정한다면 '불안의 끝판대장' 정도로 생각하면 된다. 증상이 예측할 수 없이 갑작스레 온다는 점과 파도처럼 순간적으로 감당할 수 없을 정도로 한꺼번에 몰려온다는 점에서 환자들이 아주 힘들어한다. 게다가 대개 두려움(공포)과 불안이 같이 오는 경우가 많다 보니 비교적 대상이 명확한 두려움과 대상이 모호한 불안이 섞여 환자들이 굉장히 혼란스러워한다. 또한 다시는 공황을 겪고 싶지 않다는 생각 때문에 마치 언제 터질지 모를 폭탄을 들고 있는 것처럼 항상 긴장하고 불안해한다. 이런 증상을 우리는 예기 불안이라고 하는데, 처음에는 정도가 그리 심하지 않다고 해도 시간이 지날수록 눈덩이 효과처럼 점점 더 정도가 심해져 나중에는 이 불안 때문에 자극을 받아 공황 증상이 발생하는 경우도 있다.

이런 상황이 반복되다 보면, 환자는 예고 없이 나타나는 공황에 대처하고자 무의식적으로 언제나 빠져나갈 수 있는 공간을 선호하게 되고 폐쇄되거나 밀폐된 공간에서는 불안해하게 된다. 어쩌면 사람들이 많이 있는 장소를 힘들어하는 광장공포증이나 갇힌 공간을 두려워하는 폐소공포증이 생기는 것도 이런 이유가 일부 있지 않겠나 싶다. 또한 다른 사람들 앞에서 공황장애 증상을 드러내게 되면 너무나 끔찍하기 때문에 사람 많은 곳에 가는 것 자체를 두려워하게 될 수도 있다(실제로 공황장애에는 광장공포증이나 폐소공포증이 흔히 동반된다).

사실 환자들 입장에서는 극심한 공포와 당황함에 압도되다 보니 도움을 요청하기보다는 오히려 증상들을 드러내지 못하고 숨기는 경우가 많다. 다른 사람이 알게 될까 봐 부끄러워하는 마음 반, 또 나를 이상하게 보지 않을까 두려워하는 마음 반인 것 같다. 하지만 증상을 자꾸 숨기다 보면 남을 더욱 의식하게 되는 데다가 행동반경까지 좁아져 악순환은 더욱 심해진다.

게다가 용기를 내어 가족들에게 공황장애 증상을 고백하면 위로해주지는 못할망정 "마음이 약해서 그렇다", "스트레스 안 받는 사람이 어디 있냐" 하면서 오히려 면박을 받는 경우도 흔하다. 어떤 가족들은 처음에는 걱정이 되어 같이 병원까지 가서 검사를 했는데 모든 게 다 정상이라고 하니, 그때부터 꾀병이라고 단정 짓고 면박 모드로 돌입한다. 사실 본인이 경험하지 않는 이상 공황장애 증상은 겉으로 봐서는 이해하기가 힘들기 때문에 가족들의 반응도 납득은 된다. 하지만 가장 가까운 가족마저 냉담한 반응을 보이면 환자들은 공황과의 더욱 외로운 싸움을 하게 될 뿐이다. 그러니 공황장애 환자들이 "정말 내 편이 아무도 없어요. 아무도 나를 이해해주지 않아요…"라고 자주 토로하는 것이리라. 환자들은 혼자만 속이 타들어가고, 자신을 이해해주는 사람이 거의 없다는 느낌 때문에 공황장애 증상뿐만 아니라 그에 못지않은 처절한 외로움으로 고통받는 경우도 많다. 나중에는 우울증이 동반되기도 한다.

이처럼 공황장애는 증상 자체도 힘들지만, 진단을 받기까지도 시간이 걸려 고생을 하는 데다 가족들이나 주위 사람들이 알아주지 않는다는 느낌 때문에 더욱 괴로운 질환이라고 할 수 있다. 다행히도 공황장애는 정신과 질환들 중에서 약물치료 반응이 매우 좋기 때문에 제대로 치료받으면 빨리 좋아지는 편이다. 하지만 좋아지고 나면 공황장애를 너무 쉽게 보고 또 약을 빨리 끊으려 하기 때문에 결국은 다시 증상이 확 나빠지기도 한다. 이후에는 다시 험난하고 다이내믹한 과정이 반복된다.

그러므로 공황장애는 '이런 증상들이 공황이구나'라고 아는 것이 무엇보다도 중요하고, 그 뒤 꾸준한 치료를 통해 이런 증상들이 재발하지 않도록 막는 방법을 아는 것 또한 매우 중요하다. 결국 '제대로 아는 것'이 중요하기 때문에 나는 환자들에게 무슨 책이든 좋으니 하나 구해서 꼭 공황장애에 대해 공부해야 한다고 강조한다(이 책을 읽고 있는 당신은 이미 절반의 성공을 거둔 것이다). 어쩌면 이렇게 아는 것이 중요하니까 공황장애에 인지행동치료가 상당히 효과가 있는 게 아닐까? 다음 편에서는 공황장애의 치료에 대해 좀 더 자세히 이야기해보겠다.

3장 불안, 삶이 희미해진다는 경고

공황장애는 어떻게 치료해야 할까

공황장애를 치료하는 방법에 대해서는 여러 의견이 있다.	나는 주로 이런 비유를 들어 설명하곤 한다.

약 먹으면 치료되는 것 아닌가?

근데 약 안 먹으면 금방 또 나빠지잖아.

많은 이들이 이런 고민을 반복한다.

약 먹는 것보다 내 마음가짐부터 바꿔야 한다고.

네가 밀었니? 난 아니!

으악! 도대체 누가 밀었어!

지금은요, 갑자기 물에 빠져서 굉장히 두렵고 당황스러운 상황으로 볼 수 있어요.

그때는 물이 턱까지 차 있을 정도로 다급한 상태라 스스로 발버둥치고 어떻게든 의지로 극복을 하려고 해도,

노력이 별 소용없고 오히려 증상의 악순환만 가속하게 된다.

어푸어푸! 숨 쉬기도 이젠 버거워...

물에서 허우적대도 빠져 나오기 힘들고 그러다 보면 더 힘이 빠져 몸이 무거워지죠.

당장은 숨이라도 쉬어야지...

이때는 버티는 자체만으로도 잘하고 있는 거예요.

발버둥칠수록 더 힘드니 겨우 숨만 쉬는 상태예요.

이때는 무엇보다도 수위를 낮추는 게 가장 실질적이고 빠른 도움이 된다.

이렇게 겉으로 드러난 증상을 빨리 완화해주는 게 약물치료다. 증상이 줄어드니 안정감을 얻고 스스로 중심을 잡는 데 도움이 된다.

발이 닿으니까 좀 안심이 되네. 이 정도만 돼도 살 것 같아...

수위를 가슴까지만 낮춰도 숨 쉬는 데 지장이 없고 상체를 움직여 균형도 잡을 수 있으니까요.

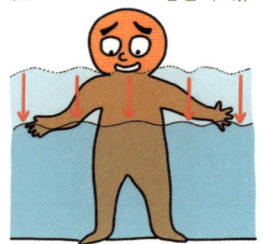

일단 불안 증상이 좋아지니 이제 좀 살겠네...

불안 게이지

급한 불부터 끄자고!

먼 훗날 수위가 높아진다 해도 거뜬히 수영을 통해 극복하게 된다.	이렇게, 생활 속의 실질적 접근을 통해 여러 상황에서의 적응력을 증진시키는 인지행동치료가 상당히 효과적이다.

그 외 인지행동치료와 흔히 병행하는 이완요법과 관련된 것들이 있다. 마음챙김 같은 명상도 있고,	긴장을 풀고 불안을 감소시키는 데 도움이 되는 심호흡이나 점진적 근이완법 같은 것도 있고,

긍정적인 감정을 불러일으킬 수 있는 대상을 떠올려 실체화시키는 심상화 방법도 있다.

혹은 좀 더 깊은 접근을 통해 불안의 근원을 찾아서 해결해보고자 정신분석적 정신치료를 하기도 한다.

그게 말처럼 쉬운 줄 아냐?

배가 고플 땐 먹고 싶은 음식을 떠올려보는 거야.

먼저 떠오르는 생각부터 뭐든 이야기하거나... 어린 시절 기억 또는 꿈 이야기 같은 것을 한번 해볼까요?

음... 여섯 살 때였던가, 물에 빠졌던 기억이 나는데요...

이런 비약물적인 치료들 중에서도 내 경험으로는 집단 인지행동치료가 꽤 효과를 보였다.

곰곰이 생각해보니 첫 번째 이유는 집단 내 비슷한 증상의 환자들을 보기만 해도 위로받고 안심이 된다는 것이었고,

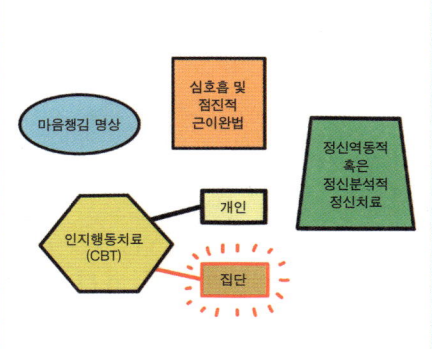

공황장애를 겪는 사람들이 실제로 이렇게 많다니!

나만 이렇게 힘든 건 아니구나.

웅성웅성

두 번째 이유는 환자들끼리 실제로 겪은 생생한 경험을 공유하고 서로 공감해준다는 것,

너도 그랬니? 나도 그랬어.

어쩜 이리도 똑같을 수가!

마치 거울을 보는 것 같아.

세 번째 이유는 자신의 경험 혹은 치료 과정을 통해 배운 내용을 서로 알려주고 공유한다는 것,

증상 관리에는 공황일지, 과호흡 때는 비닐봉지를 쓰는 게 도움이 되더라고요.

저번에 술을 마신 후 증상이 심해져서 엄청 고생했다니까요.

오호!

네 번째 이유는 서로 치료적인 동맹을 통해 유기적으로 연결되어 있기 때문에 어려울 때 즉각적으로 도와줄 수 있다는 것이다.

XX 엄마가 지금 많이 힘든 상황이래요! 모두들 빨리 카톡으로 응원과 위로 부탁합니다!

힘내세요!

조금만 버텨요, 곧 좋아집니다!

고생했어요.

XX 엄마, 괜찮아? 내가 그리로 갈까?

요약하면, 처음엔 일단 급한 불부터 끄고 숨통이라도 좀 트여야 한다. 약간의 부작용을 감수하고서라도 눈앞의 위험부터 제거하는 것이다.

건물 벽이 좀 상하거나 유리가 깨져도 일단 확실히 불을 꺼야 해!

초기에는 빠른 증상 호전을 위해
약물치료로 도움을 받고,

그 후 어느 정도 충분히 안정이 되면
본인에게 맞는 비약물치료를
병행해본다.

중/후반기에는 비약물치료를 통해
장기적이고 근원적인 관점에서
회복을 도모한다.

즉 그때그때의 맞춤식 전략으로
공황이란 거대한 파도를
헤쳐나가야 한다는 것이다.

많은 공황장애 환자들이
처음 공황을 맞닥뜨리면 너무 두려워서
감히 마주할 생각조차도 못 하지만,

실체를 제대로 알고 경험하면
생각했던 것보다는 잘 극복할 수 있다.
그러므로 이제 피하기만 하지 말고
용기를 내 한 걸음씩 다가가면 좋겠다.

대학생 시절, 계곡에서 물에 빠져 죽을 뻔한 적이 있었다. 이후 물을 상당히 두려워하게 되었는데, 그러다가 우연찮게 수영을 배웠다. 처음에는 괜히 시작했나 싶을 정도로 불편했고 별 진전도 없었지만 오랜 시간 물과 친숙해지다 보니 몇 년 후에는 두려움을 서서히 극복할 수 있었다. 지금 생각해보면, 당시 물에 대한 두려움을 느꼈을 때 나의 상태가 공황장애 증상들과 매우 비슷했던 것으로 기억한다. 이런 경험을 참고로, 공황장애 증상이나 치료를 물(수영)과 비유해 설명해보았다.

물을 두려워하는 사람이 물에 빠졌을 때는 무엇보다도 수위를 낮추어 물을 최대한 얕게 만드는 방법이 좋다. 그리고 나서 얕은 물에 적응하며 두려움을 약화시키고, 점점 친숙해지는 것이 중요하다. 두려움에서 어느 정도 벗어난 후에는 깊은 물 속에서도 자신의 몸을 스스로 통제할 수 있게 수영을 배운다. 이런 과정을 통해 궁극적으로 물에 대한 두려움을 극복할 수 있는데, 나는 공황장애의 치료 과정도 이와 비슷하다고 느꼈다.

실제 임상에서 공황장애 환자들을 치료하다 보면 대단하다는 생각이 들 때가 많다. '어떻게 이렇게까지 버틸 수 있었을까? 이 정도면 응급실을 몇 번이나 갔어야 하는데…'라고 느껴지기 때문이다. 생각보다 훨씬 더 많은 사람들이 겉으로는 잘 지내는 듯 보여도 속으로는 자기의 한계를 넘나들며 살얼음판 위를 걷듯 지내는 것이 아닐까 싶다. 환자들의 아슬아슬한 줄타기 인생을 보면 내 마음까지 졸이게 된다. 그런 모습들을 자주 보니 공황장애 환자들이 오랫동안 잘 버텨왔구나 싶고, 나라면 저 상황에서 과연 버틸 수 있었을까 하는 생각까지 든다.

공황장애 환자들의 인생 이야기를 들어보면, 이들은 그 누구보다 열심히 살아왔음에 틀림없다. 자신의 한계를 시험하며 극한까지 애쓰다 보니 불가피하게 한계를 넘어서서 심한 불안이 생겨버린 것이다. 환자들 입장에서는 참 안타깝고 때로는 억울할 수도 있겠다.

다행히도 공황장애의 약물치료는 상당히 효과가 괜찮은 편이다. 내 경험과 환자들의 피드백을 볼 때, 항불안제를 적정량 잘 맞춰서 복용하기만 하면 복용 후 평균 20~30분 만에 증상이 좋아짐을 느낄 수 있다. 하지만 이것은 단지 치료의 시작일 뿐이다. 금방 나았다고 생각하고 약을 빨리 끊어버리거나 치료 자체를 중단해버리면 다시 원점으로 돌아가거나 오히려 악화되는 경우도 흔히 볼 수 있다. 그러므로 초기에 즉각적인 호전을 위한 약물치료도 중요하지만, 증상 재발을 막기 위한 유지치료가 매우 중요하다고 할 수 있다.

유지치료에서 가장 중요한 점은 충분 기간 동안 충분 용량의 약물을 사용해 증상을 충분히 좋아지게 하는 것이다. 증상이 많이 좋아져서 일상생활에 큰 지장이 없을 정도의 안정기에 들어서는 것이 1차 목표라 할 수 있다(이 기간은 개인차가 크기 때문에 진료 환경에서 전문의의 가이드를 참고하는 것이 좋다). 그러기 위해서는 규칙적인 투약이 매우 중요하다.

그 후에는 약물치료를 하면서 증상에 따라 아주 서서히 약물을 줄여나가는 테이퍼링tapering 방식과 그 외 비약물적인 치료방식을 병행하는 쪽으로 방향을 잡는다. 약물의 테이퍼링은 사실 자주 실패하는 편인데, 많은 환자들이 편견과 오해로 인해 너무 빨리 약을 줄이려 하는 경우가 많아서다. 환자의 입장에서는 약을 빨리 줄이고 싶은 마음이 드는 것도 인간적으로 충분히 이해하지만, 임상적으로는 그렇게 되면 치료의 실패 확률이 굉장히 높아진다.

약의 입장에서 본다면 그런 환자의 모습이 굉장히 섭섭할 수도 있겠다. 왜냐하면 처음에 죽을 만큼 힘들 때는 자기가 혜성같이 등장해 편안해지도록 결정적인 역할을 했는데, 좋아지고 나서는 우리 관계가 길게 가는 건 좋지 않다며 거리를 두니 말이다. 화장실 갈 때랑 나올 때랑 다르다고 말할 수도 있겠고 심하게 말하면 토사구팽이라는 느낌까지 들지 않을까 싶다. 물론 평생 약물과 함께해야 한다고 주장하는 것은 아니다. 다만 이별을 할 때 약물이라는 상대를 배려해서 충분히 적응하는 시간을 줄 필요가 있다는 의미로 봐주면 좋겠다.

비약물치료는 만화에 그린 것처럼 나도 지금껏 여러 가지 시도를 많이 해보았지만, 그렇게 좋은 결과들을 얻지는 못했다(앞서 말했듯, 어디까지나 내 역량이 부족해서 그럴 수도 있다). 그러나 대학병원에 있을 때 여러 해 동안 집단 인지행동치료 프로그램 진행에 정기적으로 참여했었는데, 그때는 치료 효과가 상당히 괜찮아 보였다. 집단 인지행동치료 프로그램에는 앞서 말한 비약물적 방법들(명상이나 이완요법, 심상화 등)이 포함되어 있기 때문에 효과가 더 좋았을 수도 있다. 하지만 그 외에도 공통 관심사 집단이라는 일종의 치료적 동맹이 형성된다는 것이 생각보다 큰 치료 효과를 발휘하는 것 같다. 최근 SNS가 많이 활성화되고 있으니 이 효과는 앞으로도 분명히 더 커질 것이다.

마지막으로 치료라고 하기는 좀 그렇지만 빼놓을 수 없는 것이 바로 자신만의 스트레스 관리다(만화에서는 물을 빼는 수도꼭지로 표현했다). 이는 인생 전반에 지속적으로 영향을 주기 때문에 어쩌면 장기적인 측면에서는 다른 치료 방법보다 더욱 중요할 수도 있다. 사실 스트레스를 엄청 받는다고 해도 나만의 해소 방법이 있어서 그걸 확 털어버리고 다시 일어설 수만 있다면, 그 사람은 어떻게든 또 잘 살아가지 않을까? 예를 들어 '지금 직장생활은 힘들지만, 빨리 마치고 내가 좋아하는 걸 하러 가야지. 진짜 기다려지네!'라고 생각하듯 즐거움이나 재미를 느낄 무언가를 찾는 것이다. 사람은 그런 삶의 낙이 있어야 현재의 어려움을 버텨낼 수 있다. 행여나 삶의 낙이 점점 희미해진다면, 그 삶 자체도 점점 의미를 잃게 되지 않을까? 어쩌면 불안이라는 것은 그렇게 삶의 의미를 잃어버리는 과정에서 생기는 일종의 경보 신호일지도 모른다.

　이렇게 삶의 낙을 찾는 데 있어서는 사실 좀 타고난 사람들도 있고, 반대로 유독 잘 못하는 사람들도 있다. 하지만 처음에 잘 안 된다거나 익숙하지 않다고 해서 미리 포기하지 말고, 꾸준히 찾아보는 용기와 인내심을 가졌으면 좋겠다. 실제로 삶의 낙을 잘 못 찾던 사람이라도, 어떻게든 하나라도 찾았을 때 상상도 못 할 큰 변화가 생기는 것을 내가 종종 보아왔기 때문이다.

　잘 생각해보자. 살면서 정말 스트레스나 고난을 안 겪고 살 수 있을까? 거의 불가능한 일이다. 인생 자체가 고통이라는 속성을 가지고 있기 때문이다. 그렇다면 그런 부분을 잘 해소하거나, 적어도 견딜 수 있는 방법을 찾는 것이 우리가 현재, 여기에서 here and now 할 수 있는 대응이라고 본다. 적절한 치료 방법과 함께 일상에서 삶의 낙을 찾는 것. 나는 이것이 공황장애 극복을 위한 최고의 조합이 아닐까 생각한다.

4장

우울,
보이지 않는 묵직한 통증

4장 우울, 보이지 않는 묵직한 통증

불안이 좋아지고 나니 우울해진다면

카페에서 가끔씩 달달한 게 당길 때, 아인슈페너를 주문하곤 한다.

어느 날 아인슈페너를 마시다가 문득 우울과 불안을 떠올렸는데 비슷한 점이 있다는 생각이 들었다.

어서 오세요, 뭘로 드릴까요?

아, 스트레스 받으니까 단 게 마구마구 당기네.

다이어트는 내일부터...

(카페에서 멍 때리고 있으면 아이디어가 잘 떠오름)

격렬히 더욱 아무것도 안 하고 싶다...

아인슈페너를 마실 때
첫 맛은 당연히 크림에서 오는
부드럽고 달달한 맛이다.

그때는 밑에 있는 커피를
같이 마셔도 쓴맛이
그리 강하게 느껴지지 않는다.

그러나 위의 크림을 다 먹거나
걷어내고 마시면
그때는 쓴 커피의 맛이
제대로 강렬하게 다가온다.

커피 고유의 맛을 느끼는 데다가
단맛이 있다가 없어지니
상대적으로 더 씁쓸하게
느껴지는 것이다.

사실 우울과 불안도 임상적으로는
밀접한 연관이 있어서,
꼭 실과 바늘처럼 붙어 있는 편이고
서로 영향을 주고받는다.

이런 증상들은 비중에 따라
다양한 진단이 내려질 수 있는데,
어느 정도는 아인슈페너처럼 공존한다.

보통 우울은 마음의 바닥에 깔려 있어서
처음에는 불안이 그 위에서
맹위를 떨치다가

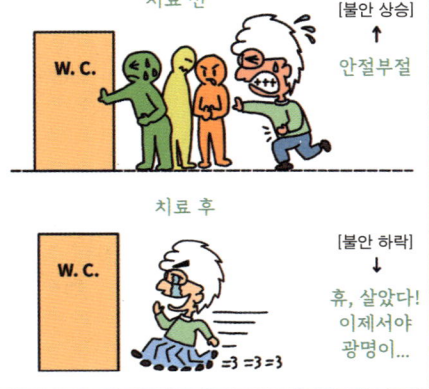

치료 후 불안이 어느 정도 호전되면
바닥에 깔려 있던 우울 증상이
갑자기 고개를 들고 나타난다.

실제 임상에서도 이처럼 불안 증상은
좋아지는데 오히려 우울 증상이
더 심해지는 걸 흔히 볼 수 있다.

아마 우울이 먼저 뿌리를 내렸는데,
그 위에 동반된 불안이 호전되면서
우울의 실체가 드러나는 것 같다.

선생님, 요샌 왜 이리도
우울한 건지 모르겠어요!

(더 나빠진 거 아냐?
처음엔 힘들긴 했어도
이렇게 죽고 싶진 않았었는데...)

아, 안개가 걷히니
실체가 드러나는구나...

우울이 먼저
자리 잡고 있었는데
절친인 불안이
활개치다가

불안이 많이 줄어드니
상대적으로 우울이
어깨를 펴고
존재감을 드러내는 것

그러므로 불안은 나아졌는데
오히려 우울해진 분들에게 꼭 전해주고
싶다. 사람들이 흔히 경험하는
'인생의 아인슈페너'를 마시는 거라고.

치료를 받은 후 더 우울해졌다고
절대 치료를 중단하거나
포기하지 마시라!

잘 마시고 있었는데
갑자기 왜 이렇게 씁쓸하지?

그냥
뱉어버릴까...

꾸준한 치료로 '인생의 아인슈페너'를
거뜬히 마셔낸다면
인생의 단맛, 쓴맛을 모두 겪은 뒤
더 성숙해지리라 믿는다.

[시간의 힘]

이 약들을 복용하면
쓴맛이 덜할 거예요.
[약물치료]

나 또한 강해지고
익숙해지기도 해요.
[인지행동치료]

초반에 불안 증상이 심해서 약물치료를 하면 불안 자체는 빨리 호전되는데 그 뒤에 갑자기 우울감을 호소하는 환자들을 진료 환경에서 흔히 볼 수 있다. 사실 불안과 우울이 혼재된 증상을 같이 치료할 경우에는 항불안제의 효과가 항우울제보다 상대적으로 빠르기 때문에 약물치료의 시간차로 인해 그런 현상이 나타날 수도 있다(이것은 뒤에 다시 언급하겠다). 하지만 처음에 우울 증상은 별로 보이지 않고 불안 증상만 심했는데 갑자기 우울 증상이 생긴 경우 혹은 불안과 우울 증상을 같이 치료하다가 우울 증상이 되레 더 심해지는 경우도 있었다. 그래서 이런 현상들은 도대체 왜 발생하는 건지에 대해 다루어보았다.

사실 불안과 우울은 각각 독립적인 증상으로 나타나는 경우가 많지만 그럼에도 불구하고 서로 밀접한 연관성이 있다. 예를 들어, 불안이 지속되면 그게 너무 힘들어서 우울해지는 경우도 있고, 우울한 기분이 계속되는데 그걸 그냥 계속 참다 보면 불안 증상이 발생하기도 한다. 최근에는 우울 증상만 있거나 불안 증상만 있는 진단명을 내리기도 쉽지 않다. 상당 부분 공존하는 경우가 많고 시기에 따라 변하는 데다가 때로는 어떤 증상이 더 두드러지는지 애매하기도 해서, 정신과 전문의 입장에서도 참 난감한 편이다. 오죽하면 '혼합형 불안우울장애'라는 진단명까지 있겠는가?

앞에서 잠깐 언급했듯이 불안과 우울 증상을 같이 치료하면 대부분 불안 증상이 더 빨리 좋아지는데, 그 이유를 먼저 항불안제나 항우울제라는 약물 자체의 특성으로 생각해볼 수 있다. 공황장애를 이야기할 때 언급했듯이 항불안제는 치료 효과 자체가 즉각적이라서 적절한 용량을 투여하면 대개 20~30분 내에 증상이 좋아진다. 하지만 항우울제는 개인차나 약물의 종류에 따라 차이가 있기는 하지만 일반적으로는 2주 이상 꾸준하게 복용해야 서서히 효과가 나타난다. 그런 차이로 인해 이런 현상이 나타나는 것은 아닌지 우선적으로 확인할 필요가 있다.

그다음 이유로 생각해볼 수 있는 것은 불안이나 우울의 속성 자체다. 처음에는 불안이라는 즉각적이고 강렬한 증상들 때문에 우울이라는 지속적이고 묵직한 증상들이 상대적으로 가려져 있는 경우가 많다. 쉽게 말해서, 처음에는 바늘에 찔리는 듯한 통증 때문에 거기에 모든 촉각이 집중되어 있다가 그게 좀 좋아지면 이전에 여러 가지 충격으로 인해 생긴 멍으로 인한 통증이 그제야 드러날 수 있다는 말이다. 예리한 통증이 사라지면서 그 뒤에 상대적으로 가려져 있던 묵직한 통증이 전달되는 것이다.

때로는 나름대로 뭔가를 좀 해보려고 움직이면 묵직한 통증이 더 심해질 수도 있다. 회복 면에서 볼 때도, 불안 증상은 바늘에 찔리는 듯이 깜짝 놀랄 정도로 아프고 두렵지만 치료하기만 하면 빨리 좋아지는 특성이 있다. 반면 우울 증상은 큰 충격 이후에 생기는 멍처럼 보기에도 안 좋고 움직이면 더 아프며 치료를 받아도 꽤 시간이 걸리는 특성이 있다. 그러므로 이런 특성들이 회복의 시간차를 충분히 발생시킬 수 있다.

   사실 이 만화를 그리면서 가장 전달하고 싶었던 말은, 정신과 치료를 받을 때 어떤 식으로든 너무 일찍 중단하지 않았으면 좋겠다는 것이었다. 약물치료를 통해 불안이 좋아졌다고 너무 약을 빨리 끊어버리거나, 불안은 좋아졌는데 우울이 더 심해지면 치료가 안 된다고 생각해서 또 약을 끊어버리는 결정을 내린다면 장기적으로 봤을 때 결코 바람직하지 않다. 약에 대한 내용은 정말 할 말이 많아서 그것만으로도 책 한 권을 낼 수 있을 정도라, 다음 기회에 잘 정리해서 독자들에게 제대로 전달하고 싶다. 다만 이 만화를 통해 치료 과정에서 도움이 되는 내용들을 간단하게라도 이해한다면 좀 더 꾸준히 치료를 받을 수 있지 않을까 하는 작은 바람을 가져본다.

4장 우울, 보이지 않는 묵직한 통증

02

그리 슬프지 않은데도
우울증인가요

우리가 흔히 보는 전형적인 우울증은 외부 요인의 직접적인 영향에 의해 발생하는 경우가 많다.

직장이나 일상생활에서 바라던 바를 이루지 못하거나,

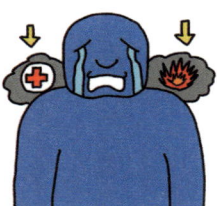

병을 달고 사네. 1년 내내 아파...

왜 사건사고는 끊이지 않는지...

질병이나 사고

열심히 공부했는데, 정말 잘해줬는데, 온갖 노력을 다했는데...

어딜 올라와! 승진은 고사하고 더 짓밟아주마!

제대로 뒤통수

실패나 좌절

144

사랑하는 가족·연인·친구 등을
떠나보내는 아픔을 겪는 것 등이
외부 요인이다.

이런 경우, 이전에는 전혀 문제없다가
갑자기 슬픔이나 울적함이 생기는
'급성 양상'을 보인다.

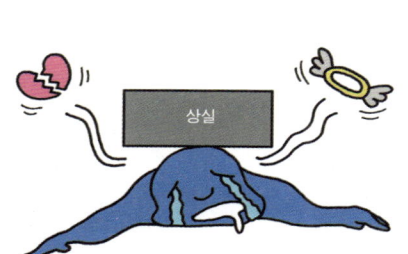

이별이나 죽음

[상한 음식 먹기 전]   [상한 음식 먹은 후]

하나도 안 아픈데?   갑자기 막 아파!

즉 나 자신보다는 외부 환경 때문에
생긴다는 것이다.

이는 대부분 현재 벌어지는 일이라
우울한 이유나 시기를 잘 알기 때문에
슬픔을 확실하게 느끼는 편이다.

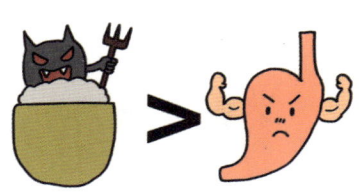

이번엔 음식이   원래 장 기능은
뭔가 잘못돼서 그래.   아주 좋은 편이라고.

어제 저녁 먹고
카페에서 갑자기
그놈이 날 차버렸다고!

정말 안됐다.
슬플 만하네...

또한 예전에는 해야 할 것들이 많아
정신없이 앞만 보며 달려온 사람들이

이제는 목표를 달성했는데도 오히려
이유없이 느껴지는 우울감,
즉 평안함 속의 공허감을
느끼기 때문일 수도 있다.

이런 우울증 양상은 외부보다
내부 요인에 의한 것이다.

이런 우울증은 외부 환경에 의한
우울증과는 달리 언제부터 그랬는지
명확하지 않고 과거 어느 시점부터
서서히 발전한 '만성 양상'을 보인다.

마치 벽돌이 천천히 쌓이다 보면 나중에 무거워진 이유가 애매하듯, 내가 왜 우울한지에 대해서도 불확실하거나 귀찮게까지 느껴진다.

그러므로 생각과 행동이 모두 극도의 귀차니즘에 빠지면서,

즐거움이나 흥미 상실, 의욕 저하 같은 무기력함과 에너지 고갈 등으로 연결된다.

게다가 마음 한구석이 뻥 뚫려 있거나 채워지지 않는 허무함, 공허감 등이 슬픔보다 더 큰 비중으로 존재한다.

하지만 슬프지 않은 게 아니라
슬픔을 못 느낄 정도로 둔감해진 게
아닐까? 내 마음을 한 번쯤 점검해보자.

그리 슬프지는 않아도 내가
우울증이라는 사실을 스스로
깨닫는 것만으로도 거기서 벗어나는
첫걸음이 되니까 말이다.

음, 이제는 안 아픈데요?
나은 건가?

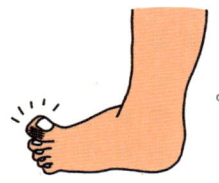

뜨아! 그게 아니라
이젠 발의 감각까지
잃은 거라구요!

[당뇨 걸린 사람의 발]

의지박약이 아니라
우울증이니까 치료하면
좋아질 수 있어요.

네? 이게
우울증이었다고요?
전 제가 게으르고
못나서 그런 줄로만
알았는데...

 내가 초기 우울증 환자들을 만날 때 난감했던 질문이 두 가지 있다.

"슬프지도 않은데 제가 우울한 건가요?"
"지금은 우울할 이유가 하나도 없는데 왜 우울할까요?"

전자의 경우, 우울하다는 것은 일반적으로 슬픔과 쉽게 연결되기 때문에 흔히들 슬픔이 없으면 우울증이 아닌 것처럼 생각한다. 하지만 꼭 그렇지만은 않다. 저명한 여러 학자들의 연구 결과나 실제 내가 경험한 임상 진료에서도 우울증은 제각기 다양한 모습들로 존재하기 때문이다. 오죽하면 매스컴에서도 흔히 '우울증은 천의 얼굴을 갖고 있다'고 언급하겠는가? 실제로 소아청소년들에게는 우울증이 분노나 충동조절의 어려움으로 나타나는 경우가 많고 청년들에게는 의욕상실 및 '만사 귀차니즘'으로, 중년층에게는 공허함과 서글픔, 노년층에게는 마음보다 신체 증상으로 더 두드러지게 나타나기도 한다.

이렇듯 우울이라는 한 단어는 천의 얼굴을 가진 듯 여러 가지 모습을 포함하고 있기 때문에 슬픔이 아닌 다른 모습들을 경험하면 그 증상들을 우울과 바로 연결 짓기가 쉽지 않다. 방문자들 중에서도 "제가 우울해서 왔어요"라고 이야기하는 분은 생각보다 많지 않고, 오히려 "잠이 좀 안 와요", "신경을 많이 썼어요", "부쩍 피곤해요", "다 귀찮아요" 등의 다소 애매한 이야기들을 하는 경우가 더 많다. 가끔 노인들은 몸이 안 좋아서 내과에 건강검진하러 왔을 뿐인데, 정작 신체적 검진에서는 이상이 없고 오히려 건강검진 설문지에서 우울증이 의심된다고 정신과로 자문의뢰가 오는 경우까지 있다. 환자 본인들도 처음에는 긴가민가하지만, 병력 청취나 간단한 증상 평가를 통해서 그것이 우울 증상임을 설명해주면 그제야 깨닫고 놀라기도 한다.

"현재 아무 걱정도 없고 생활에 여유도 있으며 남들이 부러워할 정도로 잘살고 있는데 왜 이렇게 우울한지 모르겠다"고 토로하는 경우도 흔하다. 그 연령대는 대개 50대 초중반인 경우가 많은데 그래서 그런지 이때 누구든 갱년기에 대한 이야기를 빠뜨리지 않고 항상 언급한다. 특히 여성 환자들은 정신과 방문 이전에 이미 호르몬 치료까지 하고 있는데도 별 효과가 없다고 호소하기도 한다. 그런 상황에서는 앞서 언급한 공황장애 등의 불안 증상이나(주로 신체적으로 나타나는 증상과 연관되어 있음) 우울증일 가능성이 더 높다고 생각하고 그에 맞는 치료를 진행하게 된다. 애매할 경우에는 진행 중인 호르몬 치료와 우울증 치료를 병행하기도 한다.

하지만 인생의 더 큰 관점에서 보자면 이런 현상의 원인은 이 연령대가 되면서 이제 지쳤기 때문이 아닌가 싶다. 즉 젊을 때 눈 코 뜰 새 없이 바쁘게, 걱정 근심할 여유조차 없이 하루하루 정신없이 살아온 사람들은 당시 우울증을 느낀다는 것조차 사치였을 수 있다. 그러다가 이제 좀 먹고살 만하거나 여유가 생기면(빚을 거의 다 갚고 경제적으로 여유가 생긴다든지, 자식 키우는 데 정신없다가 이제 자식들이 다 커서 결혼도 하고 나니 안정된다든지 등등) 그때부터 우울증이 파도처럼 밀려오는데 그게 꽤나 강력하다. 특히 그 전까지는 삶의 확실한 목표가 있었는데 이걸 이루고 나니 다음 목표를 찾지 못해 원인불명의 공허감을 느낄 수 있다.

또 그동안은 대부분 일만 하거나 누군가를 위해 살아와서, 정작 내 인생을 즐기거나 나를 위해 살아가는 방법을 잘 모르고 시간이 주어져도 뭘 어떻게 해야 할지 몰라 당황스러울 수도 있다. 새로운 환경에 적응이 안 된다는 것이다. 그러다 보니 오히려 옛날의 모습을 그리워하거나 퇴행하게 되어 예전처럼 정신없이 뭔가를 해야 오히려 마음이 편하다. 또한 돈이 있어도 그걸로 마음 편히 쓰고 즐기기보다는 예전에 했던 방식이 익숙하고 편하므로 어려울 때의 생활 습관 그대로 아껴 쓴다. 옛날이 그리워서 과거에 가장 소중했던 대상인 자녀들에게 지나치게 의지하거나, 자신의 인생을 살지 못해서 자녀의 인생에만 몰두하다 보면 결국 그게 간섭이 되어 자녀와의 사이에 갈등이 생기는 안타까운 일도 흔하다. 요약하자면 신체적으로 그리고 심리적으로도 중심이 흔들리는 시기라서 중년에 더 우울증이 흔히 오지 않겠나 싶다.

그 후, 이를 이겨내고자 용기를 내서 정신과 전문의와 함께 우울증 치료를 받지만, 안타깝게도 우울증 환자는 우울증과만 싸우는 것이 아니다. 환자의 주변에 있는 가족이나 친척 혹은 친구들의 편견과 싸워야 하는 경우도 많다. 사실 우울증 환자들이 가까운 사람들에게서 가장 많이 듣는 얘기가 바로 "네가 의지가 약해서 그래, 그런 나약한 정신머리를 가졌으니까 병이 생기지, 마음을 굳게 먹고 노력하면 안 되는 게 어딨어?" 같은 말이다. 그래도 걱정되니까 어떻게든 도움을 주고자 그런 얘기를 했을 수는 있겠지만, 그런 말들을 들으면 환자 스스로 '나는 정말 못났구나…' 하는 생각을 더욱 강하게 하기 때문에 더 우울해질 수 있다.

단순하게 거꾸로 한번 생각해보자! 만약 환자가 의지를 강하게 갖거나 마음을 굳게 먹을 여력이나 힘이 있었다면 과연 이런 식의 우울증이 왔겠는가? 그리고 어쩌면 강한 의지나 마음을 갖고 싶다고 가장 간절하게 원하는 사람은 그 누구보다도 환자 본인이 아니겠는가? 이유는 각자 다양하겠지만, 그런 게 스스로 안 되기 때문에 선뜻 오기 어려운 이 정신과에까지 용기를 내서 왔고 또 도움을 청하는 것이다. 그런 의미에서 환자들에게는 분명 우울증이 불가항력적인 부분임을 강조하고 싶다.

대부분 초기 우울증 환자들은 우울한 기분이 들어도 어떻게 해야 할지 몰라서 방치하고 있다가, 혹시나 싶어서 용기를 내 주위 사람들에게 조심스레 물어보는 경우가 많다. 그럴 때 주위에서 "그런 걸로 우울한 게 말이 돼? 남들도 그 정도는 다 있는데 왜 너만 그렇게 민감하게 굴어?"라는 반응을 들으면, 자아가 약한 사람들은 '진짜 그런가? 내가 문제구나, 내가 못나서 그런 거구나…'라고 생각하게 된다. 그러면 자책이나 죄책감이 심해져 더 우울해진다. 그렇게 위와 같은 반응들을 계속 경험하다 보면 우울의 악순환이 생길 수밖에 없다.

  결국에는 우울 증상이 심해지고 나서도 자기 자신마저 별것 아니라고 생각하면서 우울에 대해 점점 무뎌지고 감정 자체가 먹먹해지기도 한다. 이렇게 되면 웬만한 우울 증상은 아예 느낌조차 없을 수도 있다. "이런 게 우울함이라고요? 잘 모르겠는데… 근데 왜 눈물이 나죠?" 이렇게 말이다. 그러므로 우울증 치료에는 치료 자체도 중요하지만 주위 사람들, 특히 가족들의 지지적인 접근이 중요하다. 쉽게 말해서 환자의 마음을 이해해주고 따뜻한 말 한마디를 건네는 것이 정말 중요하다. "그동안 네가 힘들었구나. 우리가 모르고 있었네…. 너에겐 그게 참 아팠을 수도 있겠어. 미안하다. 들어보니 네 잘못이 아니네. 상황이 어쩔 수 없었던 거야. 괜찮아, 다시 시작해보자!" 이런 이야기들 말이다.

이 만화 내용에서 가장 말하고 싶었던 것은 그리 슬프지 않은데도 우울증인 경우가 있다는 단편적인 예외 상황이 아니다. 오히려 '본인이 슬픔을 느끼지 않는다고 해서 우울증에 안 걸린 게 아니라, 못 느낄 만큼 무뎌져서 슬픔을 느낄 때보다 오히려 우울증이 더 심한 상태일 수도 있다!'라는 것이다. 아픔을 못 느낀다고 그냥 방치하면 나중에는 절단해야 하는 상황에 이르는 당뇨병 걸린 사람의 발처럼, 우울증 환자들뿐만 아니라 우리 모두 정서적인 감각이 무뎌진 건 아닌지 잘 생각해보자. 그렇게 좀 더 자신의 마음을 챙기고 점검해보면 좋겠다.

4장 우울, 보이지 않는 묵직한 통증

03

우울증은 가끔 이런 방법으로도 좋아진다

우울증의 치료 방식은 다양하지만
이미 많이 알려져 있기에,
여기서는 조금 다른 관점에서의
치료 과정을 이야기해보고자 한다.

우울증의 약물치료는 슬로 스타터라서,
최소 2주 정도 지나야 반응을 보인다.
그래도 인지행동치료나
다른 정신치료보다는 빠른 편이다.

계란 프라이

삶은 계란

뭐? 계란을
직화로 구워먹어?

야, 너무
빨리 가지 말라고!

한 걸음 한 걸음
꾸준히 가보자!

그러나 가끔은 우울증이 예상치 못하게 갑자기 좋아지는 경우를 보기도 하는데, 주로 입원 병동이나 정신건강센터처럼 단체생활을 하는 환경에서 흔하다.

물론 이 경우 대개 약물치료를 병행하기 때문에 그 영향을 전혀 배제할 수는 없지만 약물치료만 한 경우와 비교했을 때 경험적으로 명확한 차이가 있었다.

 내가 다 짊어져야...

 백지장도 맞들면 낫다고!

[호전된 정도]

 첫 번째 입원

 두 번째 입원

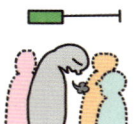 세 번째 입원

먼저 입원실이나 센터를 방문하는 우울증 환자의 모습을 살펴보면 대부분 강력한 어둠의 기운을 온몸으로 뿜어낸다.

이젠 안 돼. 다 틀렸어.

이렇게 사는 게 무슨 의미 있나?

건들지 좀 마세요.

입맛도 없고 잠도 잘 못 자고...

이젠 입원까지 하는구나.

그렇게 들어온 후 생각지 못하게 비극의 4대 천왕 같은 존재들을 만나거나,

리어 왕 · 맥베스 · 오셀로 · 햄릿

으아, 나 같은 건 명함도 못 내밀 듯!

때로는 자신보다 훨씬 강력한
어둠의 끝판대장을 만나기도 한다.

그러다 보니 나만 힘들다고 생각했는데
알고 보니 나보다 더 힘든 사람들도
많다는 생각과,

여기서는 내가 이들에게 필요하고
가치 있는 존재라는 느낌을
서서히 받게 된다.

마치 물이 높은 데서 낮은 데로 흐르듯
사랑이 나에게서 필요한 사람에게로
전달되고,

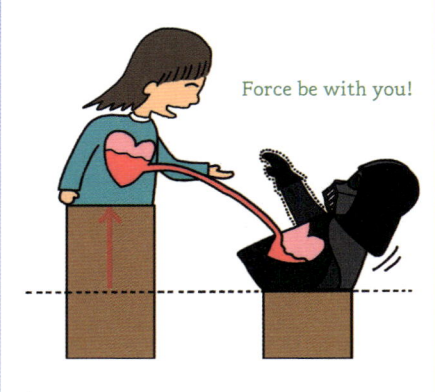

그 과정에서 칭찬과 인정을 받으므로 결국 나도 사랑을 받아서 회복된다.

이렇게 사람과 사람 사이에 사랑이 오고 가며 서로를 치료해주니 사람에서 얻은 상처는 결국 사람으로 치료되는 것 같다.

우울증 치료는 최근 많은 책들이나 미디어에서 앞다투어 다루고 있는 소위 '핫한' 주제다. 하지만 나는 이 책을 통해 그와 비슷한 내용을 또 다루는 데서 그치기보다는 임상에서 직접 경험했던 나만의 이야기를 한번 해보고 싶었다. 약물치료나 다른 비약물적 치료 방식보다는 주어진 환경 속에서 사람들과의 관계를 통해 무언가를 느끼고 자신의 생각이나 감정의 변화를 경험하는 사례를 다루고 싶었다는 말이다(굳이 따지자면, 이것은 집단 인지행동치료에 가깝다고 할 수도 있겠지만 그것으로만 다 설명이 되지는 않는다).

우울증 치료 방법으로 흔히 알려져 있는 것은 약물치료다. 하지만 환자들이 실제로 약물치료에 대해 정확히 잘 알지는 못하기 때문에 편견을 가지기도 한다. 예를 들어, 약을 한번 먹기 시작하면 중독(?)이 되어 못 끊고 평생 복용해야 할까 봐 두려워서 약물치료를 시작조차 안 하는 사람들이 있다. 기회가 되면 나중에 이 부분을 자세히 설명하겠지만, 일단은 개인의 증상에 따라 다르고 사용하는 약에 따라 다를 수 있다.

그중 많이들 걱정하는 항불안제나 수면제 등의 벤조디아제핀 계열은 단기간 사용해서 증상을 싹 없애고 그 뒤에는 복용 안 해도 되는 치료제 개념으로 보긴 어렵다(물론 잠깐 쓰고 중단하는 경우도 있는데 그때는 대부분 증상 발생 요인이 빨리 해결된 경우다). 그래서 약 먹을 때는 괜찮은데 안 먹으면 심해지니까, 이제 내가 약 없이는 안 된다는 생각에 좌절하고 중독이라는 표현까지 쓰는 것 같다. 하지만 사실 이런 약들은 특성상 그 순간의 증상 완화나 조절에 초점을 두기 때문에, 복용하다가 갑자기 중단하면 원래 증상으로 금방 되돌아가 버릴 뿐이다. 중독이라고 표현하기보다는 안경을 쓰면 잘 보이고 벗으면 흐릿해지는 개념으로 생각하면 더 적절할 것 같다.

그러므로 실제 임상에서는 증상 관리를 위해 고혈압 약이나 당뇨병 약처럼 꽤 오랜 기간 약을 복용하는 경우가 많다. 하지만 경과에 따라 증상이 충분히 안정되면 흔히 테이퍼링tapering 방식을 적용해서 약을 서서히 줄이려는 시도를 하게 된다. 이 과정에서 너무 조급해지지 않고 내 몸이 적응할 수 있도록 충분한 시간을 준다면 조금씩 약을 줄일 수 있다(벤조디아제핀의 내성, 즉 오랜 기간 복용하면 효과가 떨어져서 약의 용량이 늘어날 수 있는 것을 테이퍼링 방식으로 극복하기도 한다). 실제 임상 진료에서도 자신의 증상에 맞춰 무리하지 않고 서서히 여유롭게 약을 줄여나갔던 환자들은 훗날 복용을 안 하고 갖고만 있어도 안정되기도 했다. 물론 여기서 환경적인 요소가 개선되거나, 생각 또는 관점의 긍정적인 변화가 동반될 때 이런 과정이 틀림없이 더 탄력을 받을 것이다.

또 어떤 사람은 약을 1~2주 복용해봤는데 아무 효과가 없다면서 효능 자체를 문제 삼아 치료를 중단하기도 한다. 항우울제는 반드시 적어도 2주 이상, 넉넉히 한 달 정도는 복용해봐야 그 효과를 알 수 있다. 충분 기간 동안 써도 효과가 없는 경우는 약 종류를 바꿔보기도 하는데, 어느 정도 시행착오를 겪더라도 포기하지 않으면 결국 내 증상에 효과가 있는 약을 대부분 찾을 수 있다. 게다가 항우울제는 앞에서 언급한 벤조디아제핀 계열과는 달리 내성도 거의 없고 그 순간의 증상뿐 아니라 장기적인 관점에서도 치료 효과를 기대할 수 있기 때문에 임상에서 흔히 사용한다.

가끔 어떤 사람들은 우울증을 왜 약으로만 치료하려고 하냐며, 상담해서 치료할 수는 없는지 묻기도 한다. 하지만 불안 파트의 공황장애와 마찬가지로 우울증 또한 초기에는 증상 자체를 빨리 회복시키는 것이 무엇보다 중요하다(심하면 자살 시도까지 할 수 있으니 더더욱 전력을 다해야 한다). 급한 불부터 꺼야 한다는 것이다. 만약 내가 지금 우울하고 잠도 안 오며 불안해 죽겠는데, 긴 시간 동안 어린 시절 이야기를 하거나 증상의 근원적인 의미를 찾으려고 한다면 그게 과연 제대로 진행이 될까? 내 경험으로는 어느 정도 약물 치료를 통해 안정을 찾은 후 상담을 시행했을 때 훨씬 더 효과적이고 지속적이었다.

상담이라고 하면 상당히 광범위하지만, 정신과에서는 주로 대화를 통해 다양한 방식으로 치료적 효과를 얻는 정신치료psychotherapy(줄여서 PT)를 의미한다. 정신치료에도 상당히 종류가 많지만 그중에서도 우울증 치료에 흔히 쓰이는 것은 잘못된 인지구조를 교정하며 행동을 수정하는 인지행동치료cognitive behavior therapy(줄여서 CBT)다. 인지행동치료는 약물치료와 더불어 시행했을 경우 상당히 도움이 될 수 있지만, 치료 효과 면에서 약물치료보다는 상대적으로 느리다고 할 수 있다. 이것이 임상에서 대부분 치료 초기에 약물치료를 선택하게 되는 또 다른 이유다. 하지만 인지행동치료를 통해 왜곡된 사고를 점진적으로 수정해 인지적 재구조화˙를 이룬다면 좀 더 근원적인 치료가 가능하고, 나중에는 약을 감량하는 데도 큰 도움이 될 수 있다. 물론 이런 과정이 현실적으로 그리 쉽게 얻어지지는 않고, 수많은 시행착오와 오랜 시간이 필요함을 꼭 이해해주면 좋겠다.

때로는 환자의 증상이 너무 심해서 약물치료 반응이 별로 없고, 특히 자살 사고 등의 치명적인 위험 요소들이 있다면 입원치료를 시키기도 한다. 사실 이 파트의 내용은 입원치료에서의 경험을 통해 내가 느낀 것들을 토대로 구성했다. 심한 우울증 환자가 입원치료를 받으면, 가끔 병동 환경에서만 경험할 수 있는 신기한 회복 과정을 보이기도 한다. 다양한 환자들을 병동에서 만나면서 점점 좋

● 개인의 인식을 재구성해서 사고 자체를 바꾸는 것.

아지는 것이다. 처음에는 자신이 입원까지 했다는 사실에 매우 절망하며 우울증이 더 심해질 수도 있다. 그런데 지내다 보면 다른 환자들이 눈에 들어오기 시작하고, 그들의 파란만장한 사연들을 듣다 보면 '아, 나는 명함도 못 내밀겠다'라고 생각하는 형국에 다다른다. 그들이 큰 어려움을 겪으면서도 저렇게나 버티고 있다는 사실에 감탄하면서, 동시에 '나는 그래도 저분들보다는 낫구나!' 하는 묘한 상대적 안도감까지 느끼기도 한다.

그래서 '그나마 상황이 괜찮은 내가 저들을 도와야겠다'는 생각이 스스로 마음에서 우러나게 되고, 그런 과정에서 '나는 가치 없고 쓸모없어'라고 생각했던 자신의 왜곡된 인지구조가 깨지는 것 같았다. 게다가 도움을 받은 환자들이 고맙다며 긍정적인 피드백을 주면 그것 또한 왜곡된 인지구조를 깨뜨릴 뿐만 아니라 스스로를 인정하고 사랑하는 쪽으로 이끌어준다. 이와 반대로, 더 큰 어려움을 겪어서 입원한 환자들 또한 누군가가 와서 자기 얘기를 귀 기울여 들어주고 도와주기까지 하니 큰 위로를 받고 증상이 점점 좋아진다. 우울한 사람들 속에 들어가 있으면 보통은 내가 더 우울해질 거라고 생각하지만(실제로 가족들이 이런 이야기를 흔히 하고, 또 그런 선입견 때문에 입원을 많이 망설이기도 한다), 일반적인 예상과는 달리 이렇게 좋아지는 경우를 나는 자주 보았다.

그러고 보면 사람 때문에 상처받아 생긴 병은 공교롭게도 사람을 통해서 치료가 되는 것 같다. 사랑을 받지 못해 생긴 병은 신기하게도 사랑을 베풀면서 또 치료가 된다. 이런 과정들이 알게 모르게 이루어지는 곳이 다름 아닌 입원병동이 아닌가 싶다. 단지 환자들 사이의 관계뿐만 아니라 환자와 만나는 의사, 간호사, 보호사 등 병동 내의 모든 인간관계에서 서로가 영향을 주고받는다.

　내가 전공의 시절 입원 환자를 보고 있을 때 겪은 웃지 못할 에피소드가 있다. 나 나름대로는 환자를 열심히 본다고 매일 수십 분씩 붙잡고 면담을 했는데도 치료가 잘 안 되고 오히려 악화되기만 하던 환자가 있었다. 그러다가 나도 좀 지쳤는지 여름휴가를 잠깐 갔다 왔는데, 어떻게 된 일인지 복귀 후 그 환자가 눈에 띄게 좋아진 것이 아닌가? 알고 보니, 그 시기에 학생 간호사가 와서 그 환자와 우연히 친해졌는데 그 후 병동 내 프로그램도 같이 참석하고 우울증을 겪다가 좋아진 자기 오빠 얘기도 들려주면서 희망을 주었다는 것이다. 물론 당시 내 입장에서는 '내가 계속 이 길을 가는 것이 맞나…' 하는 생각에 매우 혼란스러웠지만, 어쨌든 환자가 좋아졌으니 잘되었다고 생각한다. 이렇듯 입원치료 환경에서는 우리가 잘 아는 약물치료나 상담 이외에도 환자 주위의 여러 사람들이 치료에 도움을 줄 수 있음을 꼭 기억했으면 좋겠다.

5장

의심, 마음 밭에
뿌리를 내린 불행의 씨앗

5장 의심, 마음 밭에 뿌리를 내린 불행의 씨앗

잘못된 믿음이
어디서 생겨난 걸까

부인에게 다른 남자가 있을 거라고 의심하는, 아니 강하게 믿는 증상이 바로 의처증이다.

의처증은 망상장애의 한 종류로, 질투형에 속한다고 할 수 있다.

또 그놈 만나고 오는 길이지?

저녁 찬거리 사러 갔다 왔는데 왜 또 그러슈, 정말?

반찬가게 주인이 그놈 아녀?

내가 당신 땜에 남자라면 아주 지긋지긋혀요!

일단 외도 사실 여부는 반드시 확인해야겠죠?

망상장애 — 편집형, 색정형, 질투형, 과대형, 신체형, 혼합형

질투형은 배우자가 부정을 저질렀다고 해서 부정형이라고도 해요.

좀 더 거슬러 올라가보면 망상장애는 조현병 스펙트럼 및 기타 정신병적 장애에 속하는 일종의 정신병이다.

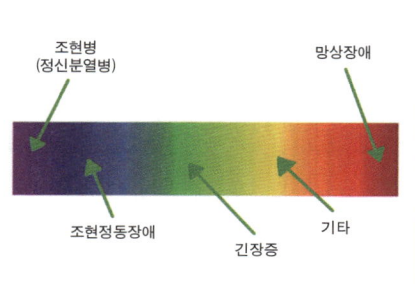

*DSM-V 기준: 미국정신의학협회(APA)에서 발행한 정신장애 진단 및 통계편람 5판.

그렇지만 정신병 계열에서도 망상장애는 차별화되는 특징이 있다.

정신병 계열의 맏형 격인 조현병과 망상장애의 망상을 비교해보자.

그 차이는 주로 망상의 내용과 망상의 전개 과정에 있다.

먼저, 망상장애의 망상은
들어보면 있을 법한 내용이 많다.

반면 일반적인 조현병의 망상은
괴상하고 현실적으로 납득하기 힘든
내용이 많다.

물론 최신 DSM-V에서는 망상장애도
기괴한 내용이 동반된다고 언급하므로
내용으로만 구분하기는 쉽지 않지만
임상에서는 아직도 이런 차이를
흔히 경험한다.

망상 내용을 요리에 비유해보겠다.
된장찌개를 만든다고 가정했을 때
이런 재료로 요리를 한다면,

이건 망상장애에 가깝다.

그런데 만약 재료 자체가 괴상하고 이해하기 힘든 것이라면,

조현병의 망상에 가깝다.

또한 망상의 전개 과정에서 볼 때 나름대로의 원칙과 체계가 잡혀 있다면,

정도가 지나쳐서
문제라고 할 수 있는
망상장애에 가깝다.

그런데 만약 망상의
흐름이 부적절하고
체계나 원칙이 무너져 있다면,

이 정도는
짜야 먹을 만하지.

이건 너무 짜잖아.

바짝 태워서
졸여 먹는 게
제일 맛있다고!

냄비까지
다 타버려서
아예 못 먹겠는데.

간을 꼭 맞춰야
맛이 좋은 건가?

그러면 간을 먼저 맞추고
마지막에 재료를 넣는 거지?

왜 찌개를 끓여야만 하는 건데?
그냥 얼려 먹으면 안 돼?

사고 과정의 근간이 흔들리는
조현병의 망상에 가깝다.

망상장애는 딱 보면 괴상하다 싶은
정신병들과는 좀 다르게,
처음에 병인지 헷갈리기도 한다.

음식이 싱거우니까
설탕을 많이 넣었어.

이건 요리의 기본이나
체계 자체가 없잖아!

찌개는 손으로
따뜻하게 해서
데워봤는데 말야.

요리의 '요' 자도
모르는 것 같다고!

완전 정신이 나가거나
미친 것 같지는 않고...

저 양반 옛날부터
원래 성격이 좀 저래...

어떨 때는 완전
멀쩡해 보인다니까?

요새 좀 예민해져서
저런 것 같기도...

여기서 잠깐!
망상장애 환자와의 대화가 실제
어떤 식으로 흘러가는지 한번 알아보자.

네가 왜 거기서 나와?

만약에 망상장애 환자가
오리너구리를 보았다고 했을 때
판단의 흐름을 보면 이렇다.

왜들 그리 다투고 있어?

오리를 닮긴 했어도
오리가 아니라
오리너구리라고!

부리가 있고
물갈퀴도 있으니
무조건 오리야!

전혀 얼토당토않은 이야기는 아니지만
자기가 보거나 믿고 싶은 것에만
매달려 유연하고 균형 잡힌 사고를
할 수 없다.

예외가 있다는 걸
왜 이해 못 해?

부리+물갈퀴
=100% 오리!

도대체
몇 번을 말해!

이것 봐, 뭔가 켕기니까
화내는 거지!

그러니 처음에는 병인지
그냥 억지 부리는 건지
헷갈리는 경우가 많다.

그걸 꼭 그렇게
생각해야겠냐,
이 양반아!

내 말이 틀려?
내가 틀린 말 했냐고!

(오해니까 잘 설명하면
이해할 거라고 생각했는데...)

(뭔가 숨기는 게
분명해!)

게다가 망상과 연관 없는 이들에게는
멀쩡하게 말하고 행동하기 때문에

배우자는 주위 사람들에게
오해받는 이중고도 흔히 겪는다.

이것 좀 잡숴봐요.
어려운 일 있으면
언제든 얘기하슈!

아이고, 이렇게
고마울 데가.
인정도 많으셔라.

(남들에겐
언제나 너그러운
무골호인)

엥? 네 남편
멀쩡해 보이던데,
네가 너무 예민하게
구는 거 아냐?

하이고, 모르는 소리 마!
나한테는 얼마나
모질게 대하는데.
두 얼굴의 사나이라고!

또한 이런 민감하고
개인적인 가정사는
남에게 속속들이 말하기도 곤란하다.

그래서 실제 진료 현장에서는 생각보다
훨씬 늦게 병원에 오는 경우가 흔하다.
이런 특성 때문에 망상장애
치료가 더 어려운 게 아닌가 싶다.

임금님 귀는 당나귀 귀!
내 남편은
의처증 환자다!

내가 남부끄러워서
도통 말을 못해!

증상은 이미
안드로메다로!

그래도 고쳐야지
별 수 없잖아...

야호!

나는 지금까지 현실적으로 외도의 가능성이 상당히 낮지만(없다고 할 수는 없지만 꽤 희박한 경우) 부인을 의심하는 노년기의 의처증 환자들을 자주 보아왔다. 당연히 배우자를 의심하는 질환이 의처증만 있는 것은 아니며 남편을 의심하는 의부증도 상당수 있지만, 내가 의처증 환자를 훨씬 더 많이 경험했기 때문에 그 사례를 주로 다루었다. 의처증의 핵심적인 내용은 의부증과도 크게 다르지 않다고 생각하므로 비슷하게 적용해서 읽으면 좋겠다.

망상장애는 쉽게 말해서 잘못된 믿음을 가지는 것이다. 망상은 단순한 생각이 아닌 설득이 불가능할 정도의 강한 믿음을 의미하는데, 다양한 내용으로 나타난다. 예를 들어 현실과는 달리 누가 자기를 괴롭힌다든지(피해망상), 자신에게 어떤 엄청난 능력이나 인맥이 있다든지(과대망상), 관련 없는 상황에 분명 자신이 연관되어 있다든지(관계망상), 누가 자기를 너무나도 좋아한다든지(색정망상), 배우자가 틀림없이 외도를 한다든지(질투 혹은 부정망상), 자기 몸에 분명 이상하고 심각한 문제가 생겼다든지(신체형 망상) 등이 있다.

이렇게 망상의 종류가 다양하기 때문에 내담자가 어떤 망상을 겪고 있는지 면밀하게 파악해야 하겠지만, 임상 진료에서는 그 전에 좀 더 명확히 해야 할 것이 있다. 바로 내담자가 말하는 내용이 망상인지 아니면 실제로 일어난 일인지를 확인하는 것이다. 예전에 나는 망상장애, 즉 의부증 증상이라 생각하고 상담을 했는데 나중에 알고 보니 남편이 외도한 게 사실로 드러나서 곤욕을 치른 적이 있었다. 그 후로는 최대한 병력 청취를 자세히 하고, 가능하면 주위 가족들을 불러 다양한 의견을 들어보며 상황을 객관적으로 판단하려고 노력한다. 그러므로 망상이라고 판단을 내리는 것 자체에 신중을 기해야 하고, 사실이 아님을 확신할 때 비로소 망상이라 진단할 수 있다.

망상장애 환자는 망상 대상을 매우 집요하고 끈덕지게 물고 늘어지며 너무하다 싶을 정도로 괴롭히지만, 그 외의 대상들에게는 멀쩡하게 대하거나 오히려 잘해주기도 하고 일상생활도 곧잘 한다. 다시 말해서, 의처증 환자는 부인과 주위 사람들 몇 명에게만 본색을 드러낼 뿐 그 외 다른 이들에게는 보통 사람처럼 평범하게 대하기 때문에, 보호자들은 크나큰 괴리감을 느껴 더욱 고통받기도 한다. 그렇다고 답답한 상황을 다 얘기해서 부끄러운 가족사를 동네방네 드러내며 광고할 수도 없는 노릇이다. 이렇다 보니 서로 쉬쉬하는 분위기라 문제를 해결하기보다는 회피한다. 결국 치료와는 거리가 멀어지게 되어 증상이 더 심해지는 쪽으로 진행될 수밖에 없다.

망상은 처음에 대개 작은 생각에서 시작된다. 작은 생각을 뒷받침하는 한두 개의 상황들이 우연히 눈에 띄면서 그 생각이 의심으로 바뀐다. 의심이 시작되면 스스로 그런 증거들을 찾고, 자기도 모르게 색안경을 끼고 주변을 보면서 몇몇 개의 근거들을 더 확보하게 된다. 그러다 보면 나중에는 의심이 확신으로 바뀌고 하나의 믿음이 되어, 어느 누가 설득해도 흔들리지 않는 견고한 망상이 형성되는 것 같다.

즉, 식물에 비유하자면 생각이란 씨앗들이 마음의 밭에 수도 없이 떨어지지만, 그 가운데 우연히 양분이 있는 곳에 떨어진 씨는 의심이란 싹을 틔운다(물론 대부분의 사람들에게는 씨가 떨어져도 양분이 없어 금방 사라져버린다). 그렇게 의심이라는 싹은 마음 밭에 뿌리를 내리고, 의심을 더 키울 수 있는 양분을 찾아 흡수하고자 스스로 뿌리를 길러 깊은 곳까지 뻗어나간다. 그러다 보면, 쑥쑥 자라서 나중에는 망상이라는 열매를 맺고 그 열매는 무르익거나 또 다른 씨가 되어 더욱 퍼져나간다. 이렇게 망상이라는 것은 차근차근 단계를 거쳐 내 안에서 체계적으로 조직화되기 때문에 설득하거나 바꾸기가 정말 쉽지 않다.

이러한 망상장애의 한 종류라 할 수 있는 질투망상, 즉 의처증으로 병원을 방문한 환자의 가족들 이야기를 직접 들어보면 감히 상상할 수 없을 정도로 힘들다. 하지만 여기서 가장 슬픈 사실은 이 상황에서 가족들보다 더 힘든 사람이 바로 본인이라는 것이다. 그러므로 당연히 주위 가족들을 위해서도 의처증을 치료해야겠지만, 사실은 정작 환자 본인의 안정을 위해서도 더더욱 필요하다고 생각한다. 본인은 대부분 병식이 없기 때문에 치료 같은 건 필요 없다고 뿌리친다. 하지만 아직도 많은 정신과 전문의들은 치료 과정 중 많은 위험을 감수해야 하고 증상 호전이 더딤에도 불구하고 환자들과 가족들에게 치료의 필요성을 계속 강조하고 있다. 그 이유는 궁극적으로 다름 아닌 환자와 보호자 모두의 평안에 있음을 꼭 알아주면 좋겠다.

노년기에
갑자기 의처증이 생기는 이유

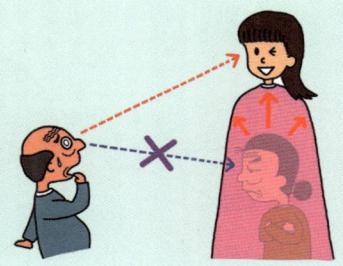

일반적인 망상장애는 통계적으로 남성보다 여성이 많다.
하지만 질투형 망상은 반대다.
내 진료 경험에서도 비슷했다.

특히 나는 노년기 의처증 환자들 경험이 많았는데, 그러다 보니 노년기에 이런 증상이 생기는 이유가 무엇인지 생각해보게 되었다.

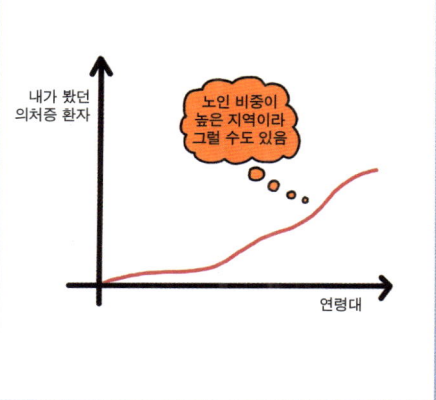

결론부터 말하면 가장 주된 이유는
자존감 저하인 것 같다.

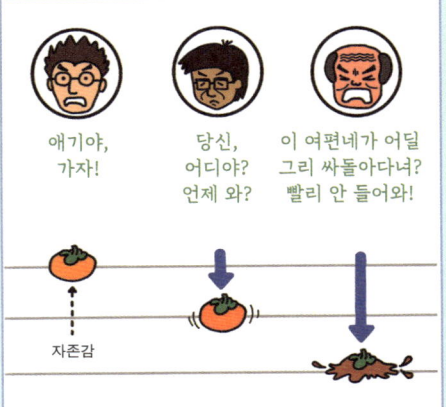

특히 노년기에는
자존감을 저하시키는 요인이 더 많다.

자존감을 저하시키는 요인을
좀 더 알기 쉽게
RPG게임에 비유해보겠다.

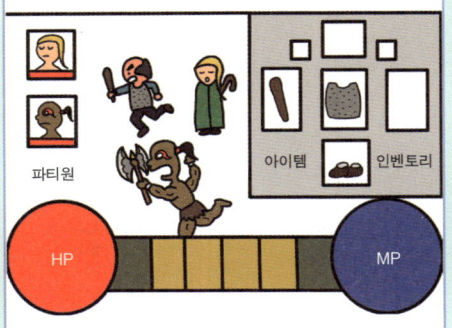

자존감이 낮아지는 첫 번째 이유,
직장을 그만두게 된다.

돈을 못 버니까
걱정은 많아지고 기가 죽는다.

앞으로 노후는 어떡하지?

결국 돈이
필요한데.

그동안 일만 하다 보니 놀 줄도 모르고
갑자기 주어진 여유 시간에
뭘 해야 할지 모른다.

앞으로 시간을 어떻게 보내지?

뭘 해봤어야 알지...

두 번째 이유,
대인관계가 축소된다.

좋은 파티원들을 만나 함께해야 잘 버틸 수 있는데...

의지가 되는
멤버들을
점점 잃는 느낌

사회활동이 줄어드니 새로운 만남의
기회가 별로 없고 그나마 있던 가까운
사람들도 하나 둘 세상을 떠나면서
관계가 더 좁아진다.

누구는 이번에 갑자기
쓰러져서 원인도 모르고
하늘나라로 갔다네...

나도 언젠가는
그렇게 되는 거
아닐까?

게다가 돈도 별로 없고
몸도 안 좋으니 사람 만나는 것도
부담이 된다.

함께 활동할 사람도 점점 줄어들고
여러 부담을 느끼다 보니
결국 해오던 활동마저 못 하게 된다.

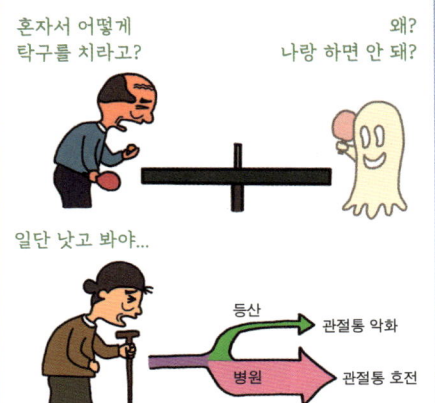

세 번째 이유,
건강이 악화되고 체력이 저하된다.

노화로 인해 기초체력이 점점 떨어지고
만성 질환이나 난치병으로
고생할 수도 있다.

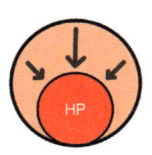

HP, 즉 최대 체력이
점점 작아지고 있어!

병이나 독으로 인해
체력이 점점
줄어들고 있어!

네 번째 이유,
전반적인 기능이 저하된다.

MP, 즉 마력이
줄어들게 된다.

마력이 부족해서 실행할 수 있는
스킬이나 마법이 거의 없다!

전반적인 기능이 모두 떨어지면서
의욕, 활력 등이 사라져 무기력해진다.
특히 성기능이 떨어지다 보니
더욱 자존감이 저하된다.

자꾸 깜박깜박 잊고
운전도 잘 못하겠어.
변화에 적응도 힘들고...

메모만 수십 장째

고개 숙인 남자...

결국 할 수 있는 게 별로 없고
자신이 쓸모없는 사람처럼 느껴져
주위에 짐만 된다는 생각까지 든다.

이 사진, 폰으로
어떻게 보내냐?

아, 이거 몇 번이나
가르쳐드렸잖아요!
잘 좀 들어봐요.

나이가 드니까
여러 번 들어도 잘
모르겠구나...

이렇게 자존감이 낮아지면 대개
가장 가까운 배우자에게 의지하는데,
그러면서 배우자를 상대적으로
자신보다 높게 보는 것이 문제다.

훗, 내가 훨씬 잘났다고.

엥? 왜 갑자기 저렇게 커졌지?
(사실 내가 작아진 것)

젊었을 때는 자존감이 높기 때문에 의지하거나 의심할 필요도 없었다.	나이가 든 후 앞서 말한 이유들 때문에 자존감이 점점 바닥으로 떨어지면서,

  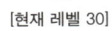 

상대적으로 부인이 훨씬 잘났다는 생각이 들어 그때부터 불안해진다.	또한 부인이 더 잘났으니 이제는 못난 나 따위는 버리고 다른 사람을 만날 거라고 믿는다.

하지만 내가 못났고 자존감이 낮다는 사실을 인정하기가 너무 괴로워서, 사실을 외면하는 '부정'이라는 방어기제를 보이기도 한다.

으아, 내가 이렇게나 못난 놈일 리가 없어!

또는 이 모든 갈등을 가까이 있고 편한 대상인 부인의 탓으로 돌리는 '투사'라는 방어기제를 보이기도 한다.

내가 못나서 당신을 의심하거나 잡생각을 하는 게 아니야!

다 네가 딴 놈 만나니까 그런 거라고!

도대체 내가 뭘 어쨌다고...

이렇듯 자존감 저하도 생기고, 그걸 막기 위해 방어기제들을 쓰는 과정에서 노년기 의처증이 갑작스레 생기는 것 같다.

내가 살아남으려면 어떻게든 막아야 돼!

부정

투사

그러므로 자존감을 회복시키는 방법을 각각의 경우에 맞게 찾아본다면,

(1) 퇴직
(2) 대인관계 축소
(3) 건강 악화 및 체력 저하
(4) 전반적인 기능 저하

분명히 이 어렵고 복잡한 의처증도
좋아질 수 있는 방법이 있지 않을까?

(1) 작은 텃밭을 가꾸는 일을 드리면 어떨까?
(2) 노인복지센터나 커뮤니티 참석은?
(3) 정기검진도 받고 규칙적인 운동이나 뭔가 배우는 취미도?

배우자가 이제 나이 70을 바라보는지라 현실적으로 신체 기능이나 심리 면에서 외도 가능성이 상당히 떨어지고 주위 가족들이나 친구들도 전혀 그런 상황이 아니라고 하는데도, 배우자의 외도를 의심하는 환자들이 있다. 도저히 그렇게 볼 수 없는 상황인데도 바람피운 게 100퍼센트 확실하다며 흥분하는 노년기 의처증 환자들을 보면서, 나는 '도대체 왜 이런 증상이 하필 이 시기에 생기는 걸까?' 하는 의문을 항상 가지고 있었다.

노년기 남성에게는 아무래도 자존감 저하가 의처증의 갑작스러운 발생에 결정적인 영향을 주는 것 같다. 자존감 저하를 일으키는 주된 요인으로는 여러 가지가 있지만 그중에서 특히 퇴직과 성기능 장애가 흔했던 것으로 기억한다. 그 외에도 건강이 갑자기 안 좋아지거나, 친척이나 친구 들과 사별하거나 멀어지는 일 또한 적잖은 영향을 주었다.

어떤 이들은 예전에는 전혀 그런 기미조차 없었는데 노년기에 와서 갑자기 그런 증상이 생겼다고 하고, 또 다른 이들은 예전부터 그런 성향이 있기는 했는데 노년기에 부쩍 더 심해졌다고 말한다. 어느 쪽이든 노년기에 접어들면서 그 증상이 두드러졌다면 그 시기에 어떤 분명한 이유가 있었던 게 아닐까? 그런 맥락에서 이런 질환에 대한 임상 경험들도 계속 쌓이고 이리저리 연결 고리들을 찾다 보니 자존감의 저하 쪽으로 나름대로의 결론을 내렸다.

　실제로 의처증이 있는 환자들은 여러 가지 문제되는 증상들을 보인다. 무엇보다도 배우자를 굉장히 힘들게 하는데, 셀 수 없을 정도로 반복해서 외도와 관련된 내용들을 추궁하거나 위협한다. 그리고 외도의 상대로 추정되는 사람에게 상당히 공격적이고 그 사람 혹은 자신의 배우자에게 불같이 화를 내는 등 분노조절도 안 된다. 자기 자신도 굉장히 심한 불안을 겪게 되고 지독한 수면장애도 동반되며 시간이 가면 갈수록 우울감 또한 깊어진다. 심한 경우 가끔 환각이 나타날 수도 있는데, 주로 환후(외도 상대의 향수나 화장품 냄새 등) 증상을 흔히 볼 수 있다.
　이런 상황에서 환자의 가족들은 처음에 어떻게 해야 할지 망설일 수밖에 없다. 가족이라 어느 한쪽 편만 들기도 곤란하고 남들에게 도움을 구하려 해도 이런 부끄러운 가정사를 함부로 얘기하기 어렵기 때문이다. 그러다가 결국에는 가족들이 도저히 못 견뎌 환자에게 막 화를 내거나 강하게 몰아붙이면 환자의 자존감이 더욱 낮아지며 증상이 더욱 심해지는 악순환을 겪기도 한다.
　우리가 자존감이라는 말을 흔히 쓰지만, 그게 과연 어떤 건지는 아직 나도 정확히 모르겠다. 누군가는 자존감이 '나 잘난 맛에 사는 것!'이라고 설명하는데, 내게도 그게 지금껏 가장 깊이 이해한 수준이다. 다만 다른 사람이 나를 어떻게 생각하는지, 또 나 스스로 나를 어떻게 생각하는지에 따라 좌우되는 것만은 분명해 보인다. 즉, 다른 사람들이 나를 인정해주거나 칭찬해주고 존경해주면 당연히 자존감은 올라갈 것이다. 또한 나 스스로도 잘한다며 뿌듯해하고 자랑스러워하며 뽐낼 수 있는 것들이 있어도 자존감은 올라가게 된다. 이 두 가지 중에 하나라도 나를 지탱해준다면 자존감이 어느 정도는 유지되리라 본다.

하지만 실제로 노년기에는 그 어떤 요인으로도 자존감을 올리기 쉽지 않다. 세상이 많이 바뀌었기 때문이다. 예전 농경 사회에서는 노인의 경험이나 지혜가 빛을 발했기 때문에 주위 사람들의 인정이나 존경을 받았었지만 지금은 안타깝게도 영향력이 많이 줄었다. 게다가 시간이 가면 갈수록 급변하는 현대사회에 적응하기 어렵고 할 수 있는 것들이 줄어들기 때문에 나 스스로도 내세울 만한 것이 별로 없다. 그래서 현대사회의 노년기에는 자존감 저하가 흔히 나타날 수 있고, 그런 요인들이 의처증 발생에 분명 영향을 끼칠 것으로 본다. 아이든 어른이든 남자든 여자든 모두가 서로 존중받고 때로는 제 잘난 맛도 느끼면서 자존감을 잘 지킨다면, 단지 의처증뿐만 아니라 그 외 다른 여러 가지 증상들 또한 좋아져서 행복하게 살아갈 수 있지 않을까 감히 상상해본다.

03

의처증을 치료하는 방법

의처증, 즉 망상장애의 치료에 대해 실제 진료 경험을 토대로 말해보겠다.

솔직히 말하자면, 내가 경험한 망상장애 환자들은 그리 결과가 좋지 않았다.

다른 예외도 충분히 있을 수 있으니 참고로 봐주세요.

열심히 하기는 했는데 너무 어려워...

성적이 도대체 왜 이 모양이야? 이걸 점수라고 받아온 거냐!

약물치료 상담치료 기타 치료

다른 질환들에 비해 생각보다
약물치료의 반응이 그리 좋지 않아서
10명 중 2~3명 정도 효과가 있었다.

환자와의 상담을 통한 인지행동치료나
정신역동적 정신치료 등을 시도했지만
오히려 곤경에 빠지는 경우가 많았다.

진짜로 약을 먹긴
먹는 건가?

(전혀 흔들림 없이
한결같은 증상)

왜 이렇게
안 낫지?

일단 제 말을 좀
들어보...

아니, 제가 도대체
왜요?

됐고! 돈 벌어먹으려고
멀쩡한 사람 약 먹이려
하는 거잖아! 다 알아!

가만히 보니,
이거 네놈도 한패지?

하도 답답하니까 가족들이
검증 안 된 대체요법도 해보는데,
나중에 되돌아오는 걸 보면
그것도 별 효과는 없어 보였다.

그 후 가족들이 도저히 감당하지 못할
상황이 되면 입원치료를 하게 된다.

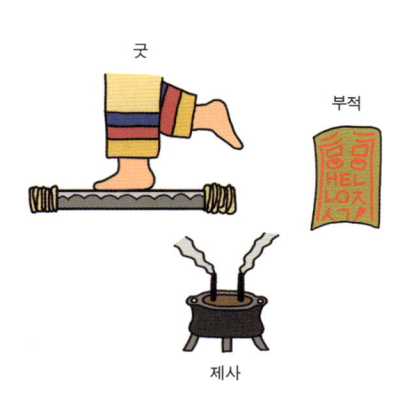

굿

부적

제사

왜 전화를
안 받아!

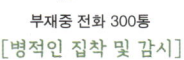
부재중 전화 300통
[병적인 집착 및 감시]

우울, 불안, 수면장애 등
[심한 정서적 불안정]

[공격적 혹은 폭력적 행동]

환자의 측면에서는
초기에 저항감이 상당하지만,
그래도 규칙적 투약이 가능하다.

시간이 흐르면 생각보다 적응을 잘 해서
편안해지는 경우가 많은데,
아마 망상을 자극하는 대상이
눈앞에 없으니 그런 것 같다.

한편, 보호자의 측면에서는
그동안 힘들었던 몸과 마음을
추스를 수 있는 시간을 갖게 된다.

일상생활에도 어느 정도 복귀해서
자신을 돌보거나 경제활동을
할 수 있다.

그래서 입원치료는 꾸준한 투약과
환경적 분리라는 방식을 통해
환자뿐만 아니라 가족들에게까지
도움이 되는 듯하다.

꺄아오옹, 놀랐다냥!
괴로워 죽겠어! (고양이 털 알레르기)
분리

편하다냥.

나 역시 편안해.

가끔은 시간이 흐르기만 해도
어느 정도 좋아진다.

시간이 약이다.

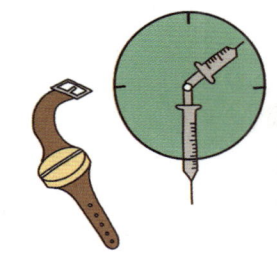

시간이라는 약이 환자의 삶 자체를
지속적으로 무르익게 함으로써,

나이가 들면서 서서히
기력이 빠지고

네 이놈들!

흥미나 의욕 혹은 관심과
에너지가 줄어들면서

이것저것 다 부질없지 뭐.

자연스럽게 노화 과정이
진행되는 현상처럼

이젠 다 귀찮구나.

절대로 나아질 것 같지 않던 의처증이
마치 계절이 바뀌듯
어느새 좋아지는 모습을 흔히 보았다.

시간이 흐를수록
좋은 에너지도,
나쁜 에너지도 줄어들어

가지가 점점 약해지고

결국에는 그렇게
심했던 의처증이
좋아지기도 한다.

잎은 시들어 떨어지지만

그러면 이제 가족들도
조금은 편안해진다.

오히려 낙엽이 아름다울 수도 있죠.

기억에 남는 회복 사례도 있었다.
퇴직 후 갑자기 의처증이 생겼는데
경비로 취직 후 금방 좋아지거나,

제 나이에는 딱입니다.

갑자기 건강이 안 좋아지고 나서
의처증이 생겼다가 꾸준한 운동과
식이로 잘 관리해서 훗날
심신이 더 건강해진 경우,

자, 와라. 카즈야!

또는 부인과 멀리 떨어져 지내면서
다 내려놓고 자연과 벗삼아 즐겁게
일하며 지내는 경우도 있었다.

농사 짓느라
다른 생각할 틈이 없네.

나도 자연인이다!

결국 개개인의 상황에 맞춰
적절한 조합을 찾는 게 최선이다.

후아, 진짜 어렵네.
어떻게 맞춰야
제일 효과가 좋을까?

환자의 자존감 회복을 위한 노력,
꾸준한 약물치료와 환경적 분리,
자연스러운 시간의 힘이
의처증 치료에 도움이 되리라 믿는다.

 그동안의 의처증 치료를 되돌아보니 참 어려웠다는 기억밖에 없다. 이것저것 시도해보기도 했지만 딱히 큰 도움이 되는 것 같지 않았고, 무엇보다 치료를 좀 해보려고 해도 본인이 전혀 협조하지 않는다는 것이 가장 답답했다. 그나마 입원치료가 본인과 가족들에게 현실적인 도움이 된 것 같다. 그만큼 이 증상에 대해서는 입원치료가 의미 있음을 강조하고 싶다.

더불어 그 외에 해볼 수 있는 것들을 궁리해보았더니 '만일 자존감의 저하로 인해 증상이 생겼다면 자존감을 회복시키는 것이 어느 정도 도움이 되지 않을까?' 하는 생각이 들었다. 그런 의미에서 아직은 '이게 정답이다!'라고 단언할 순 없지만, 자존감 회복을 통해 증상에 도움이 되었던 몇몇 사례들을 소개해보고자 한다. 하지만 내가 경험한 몇몇 운이 좋은 사례일 뿐 아직 일반화시킬 수는 없으니 그냥 '이런 것들이 도움이 될 수도 있구나' 하고 가볍게 봐주면 좋겠다.

먼저, 갑자기 실직한 후 의처증 증상이 생긴 환자에게 자녀들이 텃밭을 사서 농사를 짓게 했더니 거기 몰두하면서 의심 증상이 많이 줄었다는 사례가 있다. 환자가 원래 성격이 아무것도 안 하고 노는 것을 못 견디고 뭐라도 해야 직성이 풀리는 사람이었는데, 일거리를 주니 매우 좋아했다는 것이다. 하루라는 지루한 시간이 잘 흘러가는 효과뿐만 아니라 신체 활동을 통해 몸이 피곤해지니까 밤에 잠이 잘 오는 효과까지 있었다고 한다. 이와 더불어 농사를 통해 작물들이 점점 자라는 것을 보면서 일종의 성취감을 얻기도 하고, 열매를 맺으면 나눠줄 수 있기까지 하니 그런 부분들이 자존감 회복에 도움이 되었던 것 같다. 특히 환자의 성격을 잘 이용한 것이 중요한 포인트다.

둘째로, 고혈압과 당뇨로 건강이 악화된 후 건강에 대한 자신감이 떨어지면서(특히 성기능이 저하되어) 의처증이 생긴 환자가 있었다. 그런데 이 환자는 의사의 권유로 걷기를 꾸준히 시행한 후 체중을 감량하고 전반적인 건강 상태가 좋아지면서 의처증 증상도 차차 회복이 된 사례다. 처음에는 '걷는 게 무슨 대단한 효과가 있겠나' 하면서 반신반의했다고 한다. 하지만 다른 뾰족한 수가 없어서 밑져 봐야 본전이란 생각에 그냥 걸어봤는데 생각이 정리되는 것을 느꼈다고 한다. 그래서 더 꾸준히, 더 오래 걷다 보니 몸의 변화가 생겼고 그 후에는 식이 조절까지 하면서 더욱더 건강해지는 경험을 몸소 체득했다며 놀라워했다. 나중에는 점점 자신감이 붙어 건강관리나 유지 방법들을 주위에 알려주는 건강 전도사의 역할까지 하게 되었고 자존감이 더 높아졌다.

실제로 운동은 짧게 해서는 진가를 알 수 없지만 오래 쌓이면 낙

숫물이 바위를 뚫을 정도의 큰 위력을 발휘한다. 특히 정신심리학적으로도 운동은 뇌에 긍정적인 자극을 주고 부정적인 감정을 해소하는 데 도움을 주기 때문에(격렬한 운동을 하면 화가 어느 정도 해소되는 효과 등) 운동하고 나면 잡생각이 정리된다고 하는 환자들을 흔히 보았다. 꾸준함이라는 시간의 무게를 통해 점진적인 변화의 중요성을 가르쳐준 좋은 사례가 아닌가 한다.

셋째, 주위 가족이나 친구들과 멀어지거나 사별해서 점점 외로워지고 활동 자체가 줄어 집에만 있다 보니 부인을 의심하게 된 환자가 있었다. 그러다가 가족들의 권유로 노래 교실에 재미를 붙여 새로운 친구들도 사귀고 좋아하는 취미 활동을 찾으면서 증상이 좋아졌다. 처음에는 가족들이 뭐라도 외부 활동을 해보도록 등산 모임이나 게이트볼 동호회 등록을 해주었다고 한다. 하지만 그런 활동은 취미에도 맞지 않았을뿐더러 무릎이 안 좋아 참석하기조차 꺼려져 잘 안 가게 되었다. 그래도 가족들이 포기하지 않고 이번에는 노래 교실을 권유했는데 그건 본인의 성향과 잘 맞아서인지 재미를 붙이기 시작했다.

가족들이 보기엔 예전에 환자가 음악을 듣거나 노래 부르는 것을 좋아했는데, 그동안 잊고 살다가 뒤늦게 다시 발견한 것 같다고 했다(또한 노래는 대부분 앉아서 하다 보니 참석에도 별로 부담이 없었다고 한다). 게다가 주위 사람들이 노래를 잘한다고 칭찬해주고 감동적이라고 하니 그런 게 정말 좋았다며, 요새는 다양한 음악 관련 채널들을 보고 노래 연습하는 게 사는 낙이라고 했다. 이렇게 본인이 좋아하는 취미나 공통 관심사를 가진 커뮤니티에 가입하면서 자존감이 회복되는 경우도 있었다.

그 외에 개나 고양이를 키우면서 정이 들고 사랑을 주고받으며 증상이 좋아지거나, 우연히 간병 일을 하게 되었는데 타인을 돕다 보니 자신이 가치 있다는 느낌 때문인지 증상이 확 좋아진 경우도 있었다. 이런 면에서 볼 때 그 환자의 특성을 고려한 치료적 요소들을 잘 조합하거나 개개인의 회복 포인트를 잘 찾아본다면 치료에 더 도움이 되지 않을까 싶다.

한편 의처증 사례를 자주 접하다 보니 나쁘고 두려운 것이라고만 생각했던 노화라는 과정이 가끔 필요하겠다는 생각도 든다. 노화가 점점 진행되면 신기하게도 이런 의심 증상들이 꽤나 좋아질 수 있기 때문이다! (엄밀히 말하면 의심 증상이 좋아진다고 하기보다는 모든 기능들이 떨어지면서 그 증상도 묻히게 되는 느낌이지만, 어쨌든 표면적으로 좋아지기는 한다.) 가을이 오면 잎에 힘이 떨어지고 누렇게 변해 결국 낙엽이 되지만, 그 낙엽은 가을의 아름다움을 여실히 보여주지 않는가! 이런 면에서 노화라는 과정이 인생에서의 성숙이나 안정에 있어서 반드시 필요할 수도 있겠다.

의처증 치료에서는 기본적으로 약물치료와(상대적으로 다른 질환에 비해 효과가 떨어지기는 해도 여전히 중요한 치료 방법임에는 틀림없다)

환경적 분리, 환자의 자존감 회복을 위한 노력, 시간의 힘 등이 중요한 요소로 보인다. 그런 면에서는 이런 요소들을 대부분 갖춘 방법이 바로 입원치료라고 할 수 있다. 물론 퇴원 후에 자존감을 회복할 수 있는 요소들은 더 많겠지만 치료 초기에는 입원을 통해 자극원과 분리되는 환경적 변화만으로도 치료 효과가 충분히 있다고 생각한다. 각자의 상황에 맞게 차근차근 포기하지 말고 꾸준히 위의 요소들을 실행해나간다면, 그 어렵다는 의처증 회복의 문도 서서히 열릴 것으로 믿는다.

의처증이
잘 낫지 않는 이유

의처증, 즉 망상장애는 정신과에서 손꼽힐 정도로 치료하기 어렵다!

실제로 의처증은 설득이나 협상 자체가 안 먹히고, 그럴수록 오히려 강화되는 경우가 많다.

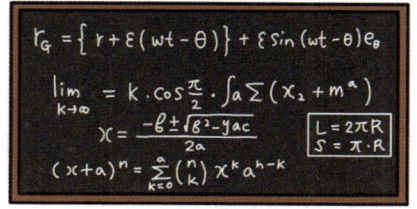

아, 어디서부터 손을 대야 하나?

풀 때마다 답이 다른데... 혹시 답이 없는 문제 아냐?

벽 보고 얘기하는 느낌이 들어...

현란한 혀놀림도 통하지 않는구나!

공격할수록 더욱 강해지다니!

도대체 왜 이렇게 치료가 어려운 걸까? 먼저, 일반적으로 병이 치료되는 과정은 어떤지 한번 알아보자.

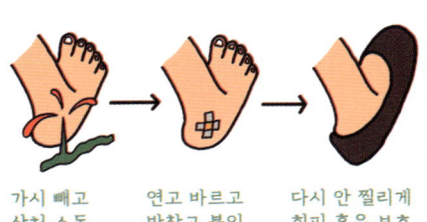

가장 쉽게 생각할 수 있는 치료 방법이 바로 병의 원인을 직접적으로 없애는 것이다.

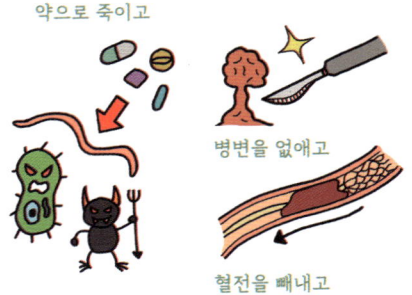

혹은 병의 간접적인 요인, 이를테면 환경이나 상황을 교정해볼 수 있다.

그리고 치료를 지속할 수 있게 곁에서 지지해주는 사람들이 필요하다.

스스로 병을 깨닫고 빨리 낫고자
애쓰는 것 또한 중요하다.

하지만 일반적인 치료 과정과는 달리
의처증은 어느 하나의 과정도
제대로 진행이 안 되는 편이다.

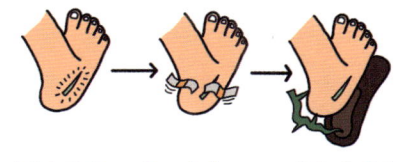

그럴 만한 이유를 살펴보면,
첫 번째로 자존감 저하의 원인을
없애거나 되돌리기는
현실적으로 매우 어렵다.

이미 엎질러진 물이야...

또 좋아지려고 애를 쓴다 해도
굉장히 오랜 시간이 걸리는 편이다.

타임머신으로 시간을 되돌려야
가능하지 않을까?

두 번째, 증상 때문에 가까운 사람들을 힘들게 해서 대개 그들과 멀어진다.
자기 편이 되거나 도와주는 이가 없어 혼자 고립되기 쉽다.

세 번째, 스스로도 치료가 필요하다는 생각이나 의지가 전혀 없다.
즉 병에 대한 인식(병식)이 없어 자기가 문제라는 걸 인정하지 않는다.

나는 안 봐도 잘생겼다고! (거울의 기능은 이미 상실된 상태)

네 번째, 근본적으로 사람의 생각이나 믿음을 바꾼다는 것은 참으로 어려운 일이다!

[천동설]

[지동설]

거, 무슨 말도 안 되는 소리!
웅성웅성

그래도 지구는 돈다!
(아, 진짜 돌겠네)

사람의 생각을 바꾼다는 것도 그렇게 쉽지 않은 일인데,

성장이 중요하지! / 분배가 더 중요하다고!

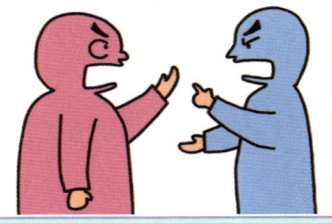

사람의 믿음을 바꾼다는 것은
얼마나 더 어렵겠는가?

망상장애에 속하는 의처증은
망상이 그냥 '생각'이 아닌
전적으로 확신하는 '믿음'이라
더 바꾸기 어렵다.

끝으로, 병을 인정하는 것 자체가
더 큰 자존감 붕괴를 의미하니
치료가 어려운 게 당연할지도 모르겠다.

망상장애, 그중 질투망상인 의처증(혹은 의부증)은 참 어려운 질환이다. 병을 치료하는 가장 흔한 방법이 발생 요인을 제거하는 것인데, 의처증은 요인을 제거하는 것 자체가 힘들기 때문이다. 대개는 비가역적인 요인들이 많아서(퇴직 및 대인관계 축소, 건강 악화, 기능 저하 등) 그런 환경을 변화시키려면 많은 시간과 노력이 필요하다. 게다가 정작 환자는 병식이 없어서 치료의 필요성을 전혀 느끼지 못하므로 나으려는 노력을 기울이지 않는 것이 더 큰 문제다.

앞서 자존감 회복을 통해 호전된 몇몇 사례들이 있긴 하지만, 실제로는 흔치 않고 운이 좋았던 경우라 할 수 있다. 나중에는 가족들마저 고갈되고 지치다 보니 우울증이 생겨서 함께 치료를 받아야 할 상황에 이르기도 한다. 특히 배우자는 진작부터 이혼에 대해 수없이 생각했겠지만 자녀 때문에 혹은 후환이 두려워 쉽게 결정하지 못하고 고민만 하다가 우울증, 공황장애, 수면장애 등의 질환을 흔히 겪는다. 그렇기 때문에 보통 의처증 환자를 진료할 때는 자연스럽게 가족 치료도 동반되는 경우가 많다.

가족 치료를 하다 보면 거의 백이면 백, 다 이렇게 물어본다. "환자를 어떻게 대해주면 치료에 도움이 되겠습니까?" 특히 말도 안 되는 망상에 어떻게 대처해야 하냐는 것이 질문의 핵심이라 할 수 있다. 예전에 내가 공부할 때는 교과서에 '망상에는 긍정도 부정도 하지 말라'고 되어 있었다. 처음에는 '그러면 뭐 도대체 어떡하라고? 후라이드 반 양념 반도 아니고…'라며 황당하다 생각했는데, 지금 생각해보면 이 내용이 어느 정도 납득은 간다.

망상에 대해 동의하거나 긍정하면 당연히 환자의 생각이 견고해지고 망상이 더욱 강화될 것이다. 반대로 망상에 대해 계속 부정하고 그건 사실이 아니라고 증거를 들이밀거나 설득하면, 환자는 흥분해서 끝없는 반박과 논쟁을 하게 될 것이다(물론 현실감을 제공하고자 망상에 동의하지 않는다는 정도의 부정은 해야 한다). 그래서 간단히 요약해 '망상에 대해 긍정도 부정도 하지 말라'고 되어 있는 게 아닐까 싶다. 최근에는 내용이 좀 더 세련되게 정리되어 나와 있는데, 망상에 대해서는 논쟁을 피하고 현실적인 주제로 유도하며 망상으로 인해 나타난 감정 반응이나 어려움을 공감하며 해결하도록 돕는다는 등의 내용이다.

보통 이런 내용을 설명해주면, 가족들은 자기들이 그렇게 잘 대처하지 못했기 때문에 환자가 더 나빠졌다고 자책한다. 하지만 이 경우 나는 쓸데없는 죄책감을 가능한 한 덜어주려 노력한다. 이건 가족들이 잘못 대처해서 생긴 질환이 아니라 원래 그렇게 흘러가는 질환이라고 말이다. 그래야 가족들이 힘을 내서 치료에 더 적극적으로 임하고 환자를 대할 때 이전보다 더 잘 대처할 수도 있다.

환자와 면담할 때는 주로 "현재 본인의 마음이 너무 힘들고 괴로우니 뭐가 옳고 그른지를 당장 단정 짓지는 맙시다. 그것보다 지금 불안하고 잠도 잘 못 자며 우울한 증상들에 도움이 되는 치료를 받아서, 본인이 좀 편안해지면 그때 다시 한 번 생각해보는 것은 어떻겠습니까? 계속 이렇게 지내면 가족들도 그렇지만 본인이 더 힘들지 않을까요? 일단 잠이라도 좀 자고 기분이 나아지면 생활하기도 낫고 더 정확히 판단할 수 있을 것 같은데요"라고 얘기하며 현재 할 수 있는 것부터 해보자고 권유하는 편이다. 판단을 조금 미루고 당장 괴로운 것부터 해결해서 급한 불을 꺼보자는 말이다. 물론 이 말조차 안 먹히는 환자들도 많지만, 통하는 경우도 꽤 있기 때문에 요즘 나는 이런 방식을 선호한다.

가끔은 의처증 환자들의 입장에서 생각해볼 때도 있다. 내게 그런 증상이 있다면 마음이 어떨까 상상해보니, 아마 스스로도 괴롭기는 마찬가지일 것 같다. 아니, 훨씬 더 괴로울지도 모르겠다. 내 마음은 주체할 수 없을 정도로 끓어오르는데, 누구 하나 알아주는 사람은 없고 모두가 내 생각이 틀렸다고 하니… 그보다 더한 지옥이 있겠는가? 마치 이 지구상에서 외톨이가 된 느낌에다가 모두가 자신을 손가락질하는 비참함을 경험하고 있을지도 모른다. 심지어 환자 본인이 "차라리 죽는 게 낫지, 정말 못할 짓이에요!"라고 얘기하는 것을 여러 번 듣기도 했다.

실제로 진료를 해보면 망상의 주체와 대상, 그리고 그들을 둘러싼 가족들 모두가 참 슬프고 안타깝다는 생각이 들 뿐이다. 부디 어떤 식으로든 가족과 의료진, 본인까지도 같이 잘 협력하여 각각의 경우에 맞는 치료 방법들을 찾아서 증상이 좋아지길 간절히 희망한다.

6장

분노,
때로는 나를 표현하는 방법

6장 분노, 때로는 나를 표현하는 방법

화내는 것도
나름대로 쓸모가 있다

화는 대부분 부정적이라고 생각해서 흔히 피해야 한다거나 없애야 한다고 여긴다.	하지만 일상에서 화를 내기도 하고 화내는 것을 보기도 하면서, 때로는 화내는 것도 필요하다는 생각이 든다.

생김새가 너무 징그럽다고!

게다가 치명적인 독까지 있는걸...

생존에 있어서 꼭 필요한 것들이죠.

Good energy and protein.

살다 보면 화를 낼 수도 있고
화를 내야만 할 수도 있다는 말이다.

이해를 돕고자 간략히 화낼 상황과
화가 나는 반응을 정리해보면
크게 아래의 네 가지 경우로
나누어볼 수 있다.

인간이라면 당연히
화가 나는 경우가
있지 않을까?

기계라면 감정이 없으니
화가 안 날 수도
있겠지만.

(흥! 나조차도 눈물의
의미 정도는 안다고.)

A
화를 낼 상황에
화를 낸다

B
화를 낼 상황에
화를 안 낸다

C
화를 안 낼 상황에
화를 낸다

D
화를 안 낼 상황에
화를 안 낸다

보통은 어떤 경우에서든 화를 안 내는
B와 D가 좋다고 생각하겠지만
나는 경험상 A와 D가 낫다고 생각한다.

화를 안 낼 상황에서 화내는 건
당연히 잘못되었다고 쉽게 알 수 있다.

A
화를 낼 상황에
화를 낸다

B
화를 낼 상황에
화를 안 낸다

C
화를 안 낼 상황에
화를 낸다

D
화를 안 낼 상황에
화를 안 낸다

저, 일도 다 마무리했고
이만 퇴근하겠습니다.

아니, 나도 아직 퇴근
안 했는데 먼저 가겠다?

(이게 그렇게
화낼 일인가...)

그래, 그렇게 해서 직장에서
얼마나 잘되나 한번 보자고!

하지만 화내야 할 상황에서 화내는 건
의외로 주저하거나
눈치 보는 경우가 많다.

보통 화낼 상황에 화를 내서 싫다는
반응을 바로 보여주면
불편한 감정이 바로 풀린다.

부장님께 무슨
사정이 있겠지.

나까지 화내면
싸움이 되잖아.
난 싸우기 싫은데.

내가 분위기
파악을 잘못했나?

무엇보다도 화내면
더 큰 화로 되돌아오니까.
혹시나 잘릴 수도 있고...

두고 보자고!
(이렇게 하면 나는 속이 좀 풀리지)

화가 날 만한
자극들

그러나 화낼 상황에 화를 못 내면
당시의 감정을 해소하기도
힘들뿐더러,

상대방에게 내가 어떤 사람인지
제대로 전달하기도 어렵고
때로는 전혀 다르게 오해할 수도 있다.

화를 못 내니까
자꾸 쌓이기만 하는구나!

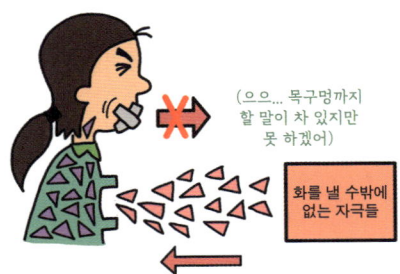

(으으... 목구멍까지
할 말이 차 있지만
못 하겠어)

화를 낼 수밖에
없는 자극들

난 칭찬해주면
훨씬 더 잘하는데.
내가 그만둬야 하나...

꼭 닦달해야만
하는 타입이군!
앞으로 더
채찍질을 해야겠어.

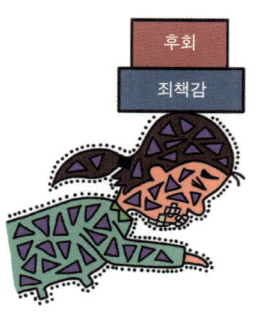
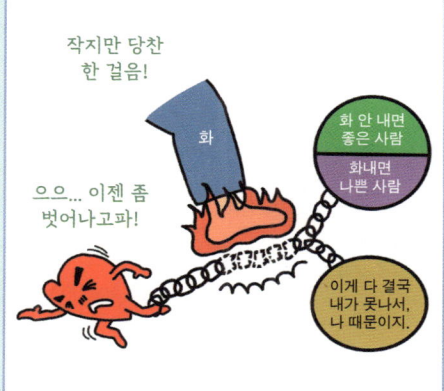

앞서 말했듯이 화를 내는 것 자체에 부정적인 감정이 해소되는 효과가 있다.

처음에는 화내는 게 어색하고 익숙하지 않겠지만, 그래도 일단 어떻게든 시작해보는 게 중요하다.

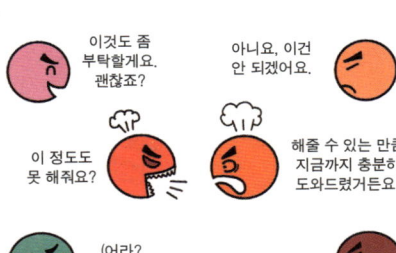

그뿐 아니라 화를 냄으로써 자극에 대한 자신의 반응을 전달할 수 있기 때문에,

화는 상대방에게 내가 어떤 사람인지 알려주는 직접적인 매개체가 되기도 한다.

특히 화낼 때 상대방과 관계가 나빠지면 어떡하지 하는 걱정과 두려움을 이겨내는 용기가 필요하다.

날 이용하려는 사람 말고
날 존중하는 사람들과
좋은 관계를 맺으면 돼!

날 힘들게 하는
사람들과는 멀어지는 게
더 편할 수 있어!

어차피
모든 사람과
관계가
좋을 순 없잖아!

육아에서도 비슷한 상황을 흔히 본다. 아이의 기가 죽을까 봐 혹은 아이와 관계가 나빠질까 봐 화내야 할 상황에서도 화를 안 내면,

흥! 내 맘대로
할 거거든!

(사람 많은 식당에서
통제불가 상태)

우리 아들, 조금만 더
얌전히 식사해주면
좋을 텐데 안 될까요?
그렇게 해줄래요?

아이는 잘못된 행동을 해도 괜찮다 여기고 더욱 말을 안 듣는다. 부모는 폭발해서 또 화내고, 결국 화를 안 내려다가 더 내는 꼴이 된다.

왜요? 내가 뭘
잘못했는데요?
계속 가만히 있다가
이제 와서 왜 그러삼?

내가 앉아서 먹으라고
몇 번을 얘기했냐고!
내가 우스워?
도대체 날 뭘로 보고!

이처럼 너무 오래 참아왔거나 감정에 휩싸이면 폭발할 수 있으니 화를 잘 조절해야 한다.

내가 화났다,
열받았다,
왜 말을 못 해…

야, 이 나쁜 놈아!
이런 ○○○○!

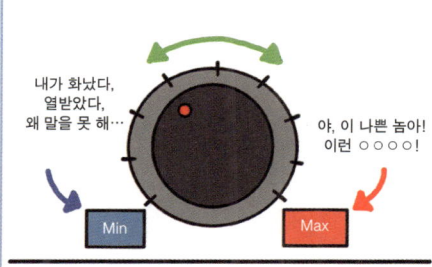

[볼륨]

그러기 위해서는 화난 이유에 대해 사실 전달 위주로 표현하는 방법이 화의 조절에 도움이 될 수 있다.

그러므로 화낼 상황이 아닐 때는 당연히 화를 안 내는 것이 맞지만,

저, 일도 다 마무리했고 이만 퇴근하겠습니다.

응, 벌써 시간이 그렇게 됐나? 수고했어요. 내일 봅시다!

화낼 상황에서는 적절히 화를 내는 게 필요하다는 것을 다들 깨달으면 좋겠다.

그럼 언젠가는 웃으며 할 말 다 하거나 상대방에게 싫은 티를 별로 안 내면서도 내 생각이나 감정을 잘 전달하는 고수가 될 날이 오지 않을까?

(이미 이성 잃음)

힘만 세지, 멘탈은 약하네!

허허…

우리나라에서는 화내는 것을 안 좋게 생각하고 화를 참는 것을 미덕으로 여겨왔다. "참을 인忍 자가 셋이면 살인도 면한다"는 속담이 있을 정도로 인내의 중요성을 강조해온 것이다. 하지만 이를 현대사회에까지 그대로 적용하기에는 무리가 있다. 지금은 자기 감정이나 생각을 표현하는 것이 중요하다고 여겨지는 사회이고, 그런 분위기를 통해 서로 대등한 관계를 맺으며 살아가기 원하는 시대다. 그러므로 자기 감정을 표현한다는 면에서 화를 적절히 내는 것도 필요하다고 생각한다.

우리는 화를 내야 할 사람들이 좀처럼 화를 내지 못하고, 화를 안 내도 될 사람들이 지나치게 화를 내는, 분노의 불균형이라는 세상 속에 살고 있다. 화를 내야 할 사람들은 행여나 내가 다른 사람에게 조금이라도 상처를 주지 않을까 하는 마음으로 숨죽이며 모든 에너지를 참는 데 쓴다. 그러다가 참고 난 뒤의 억울함을 경험하면 '내가 왜 참았지?' 하고 자신을 비난하거나 후회하면서 '나는 당해도 싸, 내가 못나서 이런 거지!'라며 더욱 자신을 채찍질한다. 그리고 자존감이 낮아져 더 위축된다.

반면에 지나치게 화를 내는 사람들은 앞뒤 상황을 보기도 전에 일단 폭발한다. 그런 다음 뒤늦게 돌이켜 생각해본 후에야 미안함을 느끼거나 가끔은 후회하기도 한다. 하지만 몇몇은 그때의 후회나 미안함을 스스로 견디지 못하고 도리어 "왜 그때 날 화나게 해서 지금 이렇게 미안하게 만드냐!"라며 상대를 몰아붙이기까지 한다. 결국 분노의 악순환이라는 늪에 빠져서 본인이 화를 냈음에도 불구하고 오히려 굉장히 억울해하기까지 하는 사람들도 있다는 말이다. 어떤 방향으로 보더라도 모자람과 지나침이 혼재되어 있는, 그야말로 분노의 빈익빈 부익부 현상이라고 할 수 있다.

지금까지 내가 진료했던 환자들 중에는 지나치게 화를 내는 사람보다 화를 잘 못 내는 사람이 훨씬 많았다. 화를 잘 못 내는 사람들은 어릴 때부터 분노를 해소하는 것에 익숙지 않아서 그런지, 일단 무조건 내 감정을 누르고 보자는 생각이 강한 편이다. 게다가 갈등이 생기는 것을 극도로 싫어하기 때문에 '나 하나 참으면 모든 게 편해지는데…' 하는 생각으로 계속 견디려고만 한다. 때로는 '천성이 이런 걸 어떻게 해? 싫은 소리는 정말 못 하겠어' 등 자기합리화를 하면서까지 화내는 상대방을 외면 혹은 회피하려 한다. 그러다가 어느 순간 감당하기 어려운 분노를 마주하면, 갑작스레 기습공격을 받은 것처럼 멘붕 상태가 되고 논리적 반박 자체를 못 한다. 설사 자신에게 아무런 잘못이 없다 해도 궁지에 몰리다가, 이내 자기 확신이 약해져서 '내가 진짜 뭔가 잘못하긴 했나?'라고 재차 고민한다. 나중에는 정말 자기에게 문제가 있는 거 같다며 도리어 죄책감까지 느끼기도 한다.

사실 이런 악순환은 자꾸 자기 내부에서 문제의 요인을 찾으려 하는 일종의 자동사고 때문에 그런 경우가 많다. 자동사고란 나도 모르게 습관처럼 어떤 쪽으로 자꾸만 진행되는 생각의 흐름('나는 뭘 해도 안 돼!' 혹은 '결국 최악의 상황이 벌어질 거야' 등)이라고 할 수 있다. 동물에 비유하자면, 마치 달팽이 더듬이처럼 아주 작은 자극에도 깜짝 놀라 안으로 쏙 들어가 버리는 모습과 비슷하다. 그렇게 회피한 후 껍질 안에서 끊임없이 마음을 졸이고 눈치 보면서 전전긍긍하는 것이다. 반대로, 밖에서 활발하게 활동하는 개미의 더듬이는 절대 안으로 쏙 들어가지 않는다. 오히려 시시각각 그 주변을 더 열심히 탐색하며 위험은 피하고 어떻게든 방법을 찾아 기민하게 적응하려 한다.

달팽이가 당장 개미로 바뀔 수는 없어도, 최소한 나 자신이 달팽이 성향임을 깨닫는 것은 꼭 필요하다고 생각한다. 그리고 그런 달팽이 성향, 즉 왜곡된 자동사고를 바로잡아 보편적인 생각을 하도록 끊임없이 시행착오를 겪어야 한다. 이것이 바로 자기 자신을 제대로 알고 타인과 외부 환경까지 잘 파악해서 적응하게 되는 변화의 첫걸음이기 때문이다. 그 거대한 변화 속에서는 상대방의 감정을 인식하고 내 감정을 전달할 수 있도록 적절하게 화를 내는 것이 중요하다.

그러므로 화내는 것을 너무 안 좋은 쪽으로만 생각해서 무조건 참으려고 하지는 말자. 오히려 우리가 인간의 감정을 설명할 때 흔히 사용하는 '희로애락'이라는 표현에 '성낼 로怒'가 번듯이 존재하고 있음을 기억해야 한다. 부디 모두들 적절한 분노 표현을 통해서 이 험한 세상에 잘 적응해 조화롭게 관계를 맺었으면 좋겠다. 그래서 더 이상 분노의 빈익빈 부익부 시대가 아닌, 자유롭고 대등한 감정 표현의 시대를 열어갔으면 한다.

화가 나는 데는
분명한 이유와 대상이 있다

화날 때는 보통 무엇 때문인지, 누구 때문인지 대부분 안다. 그런데 가끔은 이유나 대상 없이 화가 난다는 말을 들을 때도 있다.

하지만 '아니 땐 굴뚝에 연기 날까'라는 속담처럼 분명 화가 나는 이유나 대상은 있다.

요새 밥을 줄이고 과일 위주로 먹으면서 다이어트 하는데, 살이 찌는 이유를 잘 모르겠어요.

혹시 어떤 과일을 어떻게 드시는 건지?

밥 먹은 후 포도를 2~3송이 먹는데요.

출출하면 이런 것도요.

아, 그래요? 또 다른 건...

그렇게 많이 먹진 않아요.

(이유가 분명히 있다니까)

단지 내 마음을 자세히 들여다보지 않고
방치하다 보니 이유를 모를 수도 있고,

화가 나는 이유나 대상을
회피하거나 외면하는 것일 수도 있다.

그렇지만 모든 병은 발생 원인을
해결하는 것이 최고의 치료법이므로,
먼저 화나는 이유를 찾아보고
깨달아야 한다.

내가 화난 이유를 잘 알아야
상대방에게 내 생각과 감정을
잘 전달할 수 있기 때문이다.

화난 이유를 상대방에게
잘 전달하는 것은 결국
갈등 해소에 큰 역할을 한다.

또한 내가 실제로는 도대체 누구에게
화가 난 건지도 알아야 한다.

대상은 나와 상대방, 상황(환경),
이렇게 셋으로 나뉜다.

먼저, 자기 자신에게 화가 나는 경우는
주로 내향적인 성격에서 관찰된다.

내향적인 사람들은 대개 자책하는 것이 더 마음 편하다고 느낀다.

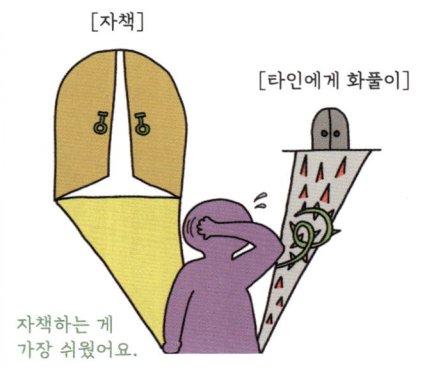

상대방에게 화내는 것 자체가 머리 터질 정도로 고민해야 할 일이라 그 과정이 너무 성가시고 귀찮기 때문이다.

실제로 상대방에게 화내는 게 익숙지 않은 데다 생각만큼 쉽지도 않다.

큰마음 먹고 화를 내려 해도 상대방의 반응을 굉장히 두려워하므로,

결국 자신에게만 화풀이를 하게 되어 스스로를 몰아붙이거나 채찍질하고, 심하면 자해나 자살까지 이어진다.

둘째, 상대방에게 화가 나는 경우는 외향적이거나 다혈질인 성격에서 흔히 관찰된다.

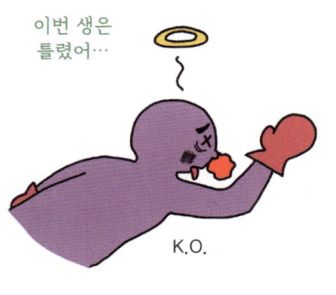

그런 경우를 잘 살펴보면 의외로 화의 대상이 누군지 잘 모르기 때문에 엉뚱한 데 불똥이 튀기도 한다.

즉, 내 눈앞에 있는 상대방에게 화를 내고 있지만,

어쩌면 내가 화난 건 지금
이 대상 때문이 아니라,

이면에 숨겨져 있던
본질적인 대상 때문일 수도 있다.

그러니 화의 대상을 제대로 파악한다면
근본적으로 해결할 수도 있다.

끝으로, 나를 둘러싼 상황이나
환경에 화가 나는 경우도 있다.

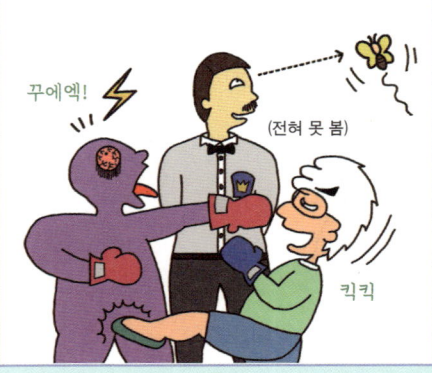

이때는 나 자신이나 상대방이 아닌
환경에 이리저리 화풀이를 해보지만,

내가 어떻게 해볼 수 있는 부분이
아니라서 더 답답하기도 하다.

하지만 자기 자신 혹은 상대방에게
화를 내기보다 상황(환경)에 화를 내면,

자책할 필요도 없고
상대와 다투지 않아도 되니까
훨씬 마음의 부담이 덜한 것 같다.

물론 상황(환경)에 화풀이하면 속시원히 해결되는 느낌은 없고 승리의 기쁨도, 패배 후 성장도 없이 어중간한 느낌만 남는다.

그래도 매우 힘들 때는 상황(환경)에 화내는 게 차라리 나을 수도 있어서, 임상에서는 지지적인 접근 방식으로 상황 탓을 해 마음의 짐을 덜어준다.

이렇듯, 화가 났을 때는 화난 이유와 대상이 누구인지를 먼저 생각해보자.

어쩌면 그 과정을 통해 치료 방향의 큰 그림을 그려볼 수도 있을 테니 말이다.

누군가와 싸우고 나면 흔히 듣는 말이 있다. "그래, 네가 뭘 잘못했는데? 내가 왜 화났는지 알아?" 이 질문을 들으면 그냥 우스갯소리로 넘길 수도 있지만, 사실 화해하고 싶거나 어떤 갈등을 해결하려 할 때는 반드시 짚고 넘어가야 할 부분이다. 그런데 지금까지 내가 진료했던 환자들을 떠올려보면 상대방 혹은 자신이 화난 이유를 잘 모르는 사람들이 생각보다 많았다. 그리고 누구에게 화가 났는지를 잘 모르는 경우 또한 심심찮게 경험했다. 겉보기에는 눈앞에 있는 대상에게 화난 것처럼 보이지만, 실제로는 그게 전부가 아니고 이면에 뭔가가 있을 수 있다는 사실을 환자들은 잘 모르는 것 같았다.

어떤 환자들은 "화가 나는 이유나 대상에 대해서 알게 된다고 달라질 게 있나요? 알아도 어쩔 수 없잖아요"라고 말하기도 한다. 물론 알기만 한다고 상황이 완전히 해결되는 것은 아니다. 또 안다고 해서 화난 대상과의 관계가 금방 좋아지는 것은 더더욱 아니다. 변화를 위해서는 아마 오랜 시간이 필요할 것이고 수많은 시행착오의 과정이 있을 것이다. 하지만 초기에라도 내가 화난 이유나 대상을 알게 된다면 '나는 왜 이렇게 자주 화를 내는 거지? 내가 문제인가?

내가 미쳐가는 거 아냐?' 하는 생각에서 어느 정도 벗어날 수 있다. 이런 자책이나 죄책감 등을 줄이는 것만으로도 자기 자신에게는 큰 의미가 있다고 본다.

　화의 대상을 설명할 때 가장 먼저 나오는 것은 바로 자기 자신이다. 실제로 우울증에서 자책이나 죄책감 등을 언급할 때는 주로 '내 안으로의 공격성'이라는 개념으로 설명한다. 외부 대상으로의 공격성이 화내는 것이나 폭력적인 행동으로 이어진다면, 내부 대상으로의 공격성은 지나친 미안함 혹은 자책, 죄책감, 그로 인한 자해나 자살까지 이어질 수도 있다는 것이다.
　그래서 나는 이런 분노 반응과 우울감이 방향만 반대일 뿐 그 속성 자체는 비슷하다고 이야기해준다. 화내는 것보다는 우울감을 느끼며 자책하거나 죄책감에 빠져 있는 게 낫다고 생각하는 환자들에게 이런 이야기를 해주면서, 그 두 가지 상황이 별반 다르지 않음을 강조하기도 한다. 공격성 자체가 약해졌다거나 그게 더 나은 선택이어서가 아니라 그냥 자책하는 게 쉬워서라고 말이다. 자책과 죄책감은 외부로 드러나지 않고 눈에 보이지 않게 내 마음속에서만 일어나다 보니, 오래되거나 반복되면 소리 없이 악화되다가 갑작스레 극단적인 결과로 이어질 수도 있다. 나는 이런 흐름이 훨씬 위험하다고 본다.
　그다음으로 생각할 수 있는 화의 대상은 타인이다. 일반적으로 화를 낸다고 할 때 가장 쉽게 떠올릴 수 있는 개념이겠다. 하지만 남들에게 화내는 것도 결코 단순하지만은 않다. 왜냐하면 그 대상마다 화를 받아들이는 반응이 다양한 데다가(사실 이건 통제할 수 없다) 화를 내는 주체도 화를 전달하는 정도가 다양하기 때문에(때로는 지나치게 때로는 억누르며) 계산법이 정말 복잡하다.

예를 들어 누군가에게 화를 낸 후 나중에 돌이켜 생각했을 때 '그 사람에게 그렇게까지 화를 낼 필요는 없었는데…'라는 후회를 한 적이 분명히 있을 것이다. 그런 경우에는 눈앞에 보이는 대상 이외에 근원적인 화의 대상이 그 이면에 있을 수도 있다. 알기 쉽게 숫자로 표현해보자. 대상에게서 자극 20을 받았는데 50이나 되는 화를 냈다면, 원래보다 화를 30이나 더 얹어서 준 것이다. 그 30이라는 화는 눈앞의 대상에게서 왔다고 보기는 어렵다. 화가 다른 대상에서 비롯되었거나, 예전에 쌓여 있던 묵은 분노가 자극을 받아 덩달아 반응한 것이다. 이런 경우 스스로 깨닫지 못한 화의 대상이 분명히 있다고 보기 때문에 더 근원적인 화의 대상을 파악해야 한다. 그러므로 애매하게 또는 피상적으로만 알고 있던 화의 대상이 없는지를 한번 되돌아보고 제대로 파악한다면 분명 도움이 되리라 생각한다.

때로는 화가 나는 것이 나 자신 때문도 아니고 특정 대상 때문도 아니라 상황이나 환경 자체 때문일 수도 있다. 그 사실을 모른 채 상대방을 탓하거나 자책하면서 왔다 갔다 혼란을 겪다 보면 증상은 더 안 좋아진다. 그럴 때는 (특히 초기에 힘들어하는 시기에는) 자신이

나 어떤 사람 때문이 아니라 단지 지금 처한 상황이나 환경 때문에 화가 났을 수 있다는 이야기를 듣는 것만으로도 심리적 부담을 덜고 편해지는 경우를 많이 보았다. 그러므로 화가 나는 이유나 대상을 제대로 아는 것만으로도 상당한 도움이 된다. 이렇게 편해지고 안정을 찾게 되면 나중에는 화가 난 이유나 대상을 제대로 마주보고 극복하려는 용기까지 가지게 되어 근원적인 해결에 한 걸음 더 다가갈 수 있을 것이다.

화의 특징 ①
: 많은 곳에서 적은 곳으로 흐른다

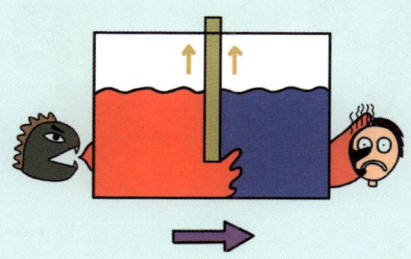

우리는 일상 속에서 화라는 감정을 흔히 경험하지만 그 특성에 대해서는 생각보다 잘 모른다.

그래서 딱딱한 이론보다는 일상에서 쉽게 경험하는 화의 특징에 대해 이야기해보겠다.

왜 또 화를 내고 그래?

몰라! 그냥 막 화가 나!

자, 일단 진정하세요. 살다 보면 이런 일 흔히 있다고요.

아까는 제가 왜 그랬을까요?

퓨우우

슈우우

뭔가에 홀렸던 걸까요?

화는 한자로 '불 화'를 쓰는데 실제로 불과 비슷한 특징이 많다. 그래서 화를 불의 속성에 비유해 설명해보려 한다.

먼저, 화는 많은 쪽에서 적은 쪽으로 흔히 전달된다.

마치 온도가 다른 물이 섞이면, 열이 온도가 높은 쪽에서 낮은 쪽으로 이동하는 것과 비슷하다.

열(화)의 이동 방향

어쩌면 물이 높은 곳에서 낮은 곳으로 흘러가는 것과도 같다고 할 수 있겠다.

그러고 나면 양쪽의 온도가 비슷해져서 어느 정도 평형을 이루게 된다.

평형 상태가 되면 해소된 쪽과 쌓인 쪽 사이에 분명한 입장 차이가 생긴다.

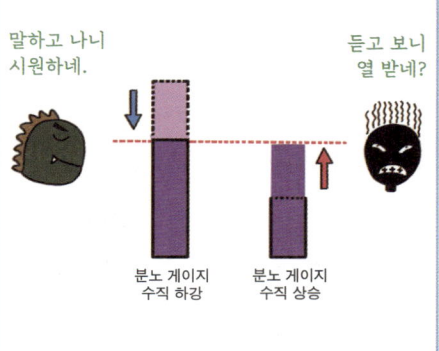

그 후 상황에 대한 해석 차이로 인해 각자의 행동방식이 결정되거나,

또는 각자 가진 인내심 그릇의 크기에 따라 행동방식이 결정된다.

때로는 인내심 그릇이 크다 해도,
화를 너무 많이 받으면 폭발하거나
그걸 자신에게 쏟아붓기도 한다.

하지만 화를 많이 내는 사람들은
그 행동이 점점 강화되어 습관처럼
화를 내면서 정도가 더 심해진다.

[함부로 내뱉기만 하는 입]

화를 참는 사람들은 그게 더 편하다고
느끼기 때문에 그냥 받아주는 데
익숙해지게 된다.

결국 자연에서의 약육강식처럼
화 많은 사람이 적은 사람에게
화를 내고,

[묵묵히 힘들게 뒤처리하는 귀]

마치 먹이사슬처럼 여러 단계를 거쳐
화가 많은 곳에서 적은 곳으로
계속 흘러가는 것 같다.

휴, 죽을 고비를 넘겼네.
그러고 나니
나도 배가 몹시 고픈걸!
저기 먹기
좋은 토끼풀이 있네.

내가 그렇게
만만한가?

끄응…

그러다 보면 화를 가장 많이 받은
최약체 희생양들이 참다 못해
정신과를 방문한다.

너무 힘들어요…
근데 어쩌겠어요.
내가 치료받아서 버텨야죠, 뭐.

화를 안 받았으면
여기 올 필요도 없었을 텐데…

사실 오히려 꼭 와야 할 사람은
화를 많이 내는 최상위 포식자가
아닐까?

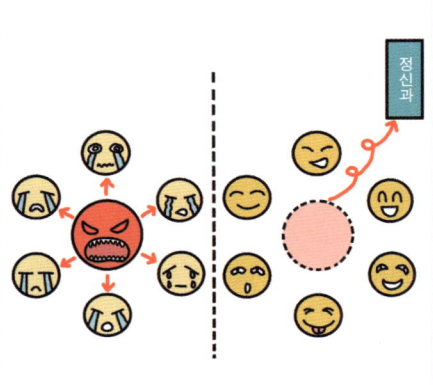

화는 어떤 식으로 흘러가는지에 대해서 생각해본 적이 있는가? 100퍼센트 완벽하게 설명할 수는 없지만, 큰 흐름을 파악하는 데 어느 정도 도움을 줄 수 있는 화의 속성을 세 가지 정도로 추려서 이야기해보려고 한다.

먼저, 화는 어떤 식으로 이동하는지 살펴보자. 마음속에 화가 많은 사람들은 대개 그 화를 참거나 담아두는 것을 못 견디는 경우가 많다. 그래서 화를 비워버리려고 쏟아내는데, 안타깝게도 그들의 희생양은 다름 아니라 마음속에 화가 적은(혹은 화를 밖으로 표출하지 못하는) 사람들이 된다. 마치 포식자-먹이 관계처럼, 화를 잘 내는 사람들은 일단 타깃이 정해지기만 하면 어떻게든 자신의 화를 쏟아내려는 행동을 하게 되는데 그것이 고스란히 화가 적은 사람들의 마음속으로 옮겨가는 것이다.

어떻게 보면 화가 적은 사람들의 입장에서는 일방적으로 당하니까 매우 억울할 수도 있다. 하지만 사회 전체의 큰 틀에서 보면 이들이 곳곳에서 보이지 않게 스펀지 같은 완충 작용을 함으로써 사회가 유지되는 것이 아닐까 싶다. 그렇다고 그냥 방관할 수는 없다. 화가 적은 사람들이 아무리 인내심이 강하다 해도 참는 데는 결국 한계가 있으므로 이들이 무너지면 사회 근간의 위기가 올 수도 있기 때문이다. 그래서 이런 사람들을 자주 진료하는 나로서는 이들이 어떻게든 견디고 힘을 내어 잘 적응하도록 도와줄 수 있으면 좋겠다는 바람을 항상 가지고 있다.

그런 나의 바람을 알기라도 하는지, 최근에는 화를 많이 받아서 힘들어하는 직장인 환자들이 더 많이 찾아온다. 환자 자신의 문제라기보다는 다른 사람들이 지나치게 괴롭히다 보니 견디다 못해 진료를 받는 경우가 훨씬 더 많다. 한번은 직장에서 특정 상사가 팀원들을 힘들게 해서 팀원들이 동시에 나에게 진료를 받은 경우도 있었다. 그럴 때는 '아, 그 직장 상사가 분노 조절을 잘하기만 해도 이 팀원들은 괜찮을 텐데…' 하는 안타까움을 느끼기도 했다. 하지만 현실적으로 그런 직장 상사는 자신의 문제를 잘 모르거나 설사 안다고 해도 치료까지 연결되지 않을 확률이 크다. 그래서 화를 많이 받은 이들은 '왜 내가 여기 와야 하는지 모르겠다'고 억울해하면서도, 힘드니까 결국 도움을 받고자 찾아오는 것이다.

그렇게 괴롭힘을 당한 팀원 중 한 명이 이렇게 얘기했었다. "그 사람을 아무리 바꿔보려고 해도 도무지 안 되더라고요. 그래서 결국은 그 사람을 바꾸는 것보다 차라리 나를 바꾸는 게 낫겠다 싶어서 왔어요." 안타깝기는 하지만, 정신과 진료환경에서는 이것이 현실적으로 가능한 해법이라 할 수 있다. 크게 보면 서로 간의 조합이

나 관계의 문제이기 때문이다.

앞에서 지나치게 화를 내는 사람에게 주로 잘못이 있다고 말하기는 했지만 엄밀히 따지면 화를 계속 받아주는 사람의 패턴 또한 그리 바람직하지는 않다(앞서 화를 내야 할 상황에서는 내야 한다고 자세히 언급했었다). 화를 계속 받는 사람은 지금 좀 더 억울할 수는 있어도 약물이나 생각의 전환 등 뭔가 어떻게든 방법들을 찾아보는 것이 훨씬 현실적인 접근이다. 자기 자신에 대해 깨닫지 못하고 화를 내기만 하는 사람들보다는 그런 노력이 훨씬 더 정신심리적으로 건강해 보이고, 노력 자체가 곧 자기 자신을 사랑하는 것이 아닐까 싶다. 그러므로 지금은 힘들고 고생스럽더라도 지속적으로 애쓰고 길을 찾는 이들의 미래는 분명히 밝을 거라 확신하며 끝까지 응원할 것이다.

화의 특징②
: 결코 묻어둔다고 사라지지 않는다

사람들은 흔히 화를 묻어두기만 하면 저절로 없어질 거라고 생각한다.

이번에도 묻어두기만 하면 잘 익을 거야.

김치는 역시 땅에 묻어야 제맛이지.

김장독

하지만 화를 묻어두면 당시에는 눈앞에 없기 때문에 사라진 것 같지만,

이렇게 하면 잘 해결되겠지?

시간이 흘러도 사라지기는커녕
인생의 풍파를 겪다 보면
오히려 표면 위로 다시 드러나는
경우가 흔하다.

그러다 보면, 결국 묻어뒀던 것이
발목을 잡거나 걸려 넘어지게 한다.

화가 없어진 것처럼 보여도
실제로 없어진 건 아니기 때문에
나도 모르게 누군가에게 문득
화를 내기도 한다.

때로는 받은 것 이상으로 얹어서
폭발하듯 화를 한번에 몰아서
내기도 한다.

어떤 사람들은 정말 화가 사라져서 아무렇지 않게 생활하는 것처럼 보이지만,

사실 화를 제대로 해소한 게 아니라 그냥 묻어두고 있으므로 언제라도 그 부분을 건드리면 폭발할 수 있다.

누구든 한두 개쯤 갖고 있다는 '용의 역린'을 자극한 것과 비슷하다.

그렇게 폭발하듯 화를 내면 화가 화를 불러 세상에 화가 점점 더 메아리처럼 퍼져나갈까 걱정도 된다.

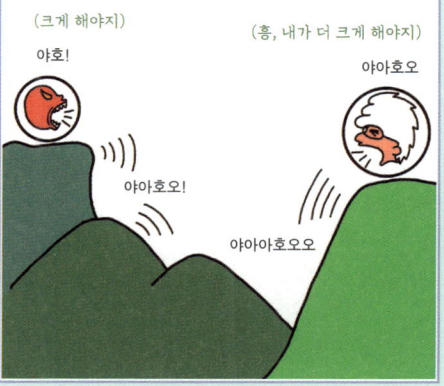

이처럼 화라는 것은
내 마음속에 깊이 묻어두는 것도,

또 폭발해서 주위를 불태우는 것도
바람직하지 않다.

그러므로 화의 이유와 대상을 파악해
그 속성을 제대로 이해하고,

각각의 속성에 맞도록 잘 분리해서
맞춤식 해결방법을 찾는 것이 좋다.

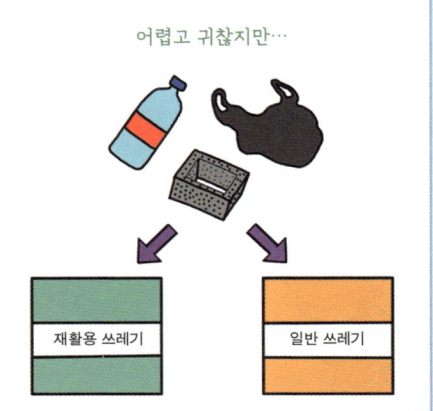

몇몇 재활용이 가능한 것들은 그때마다 특성에 따라 잘 이용해보자.

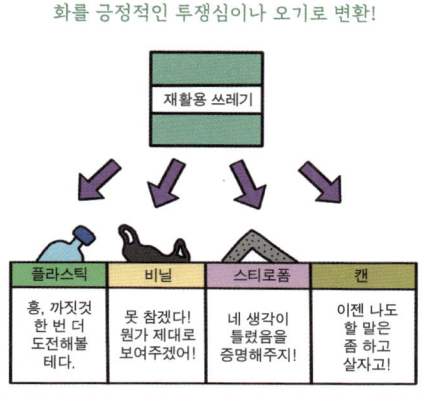

또, 없애야만 할 것들은 자신에게 맞는 방법을 이용해 해소해본다.

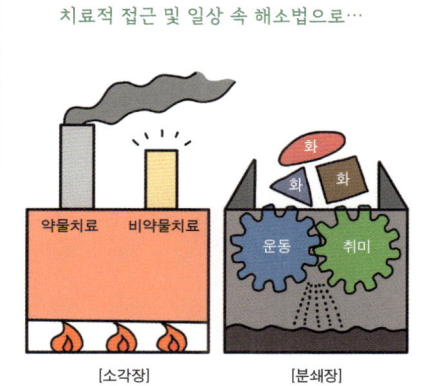

화는 방치해서는 안 된다. 평소에 잘 파악해서 나만의 방식으로 지혜롭게 해소해보자.

화의 특징 두 번째는 시간이 지나도 저절로 분해되거나 사라지지 않는다는 것이다. 사실 세상에는 시간이 해결해주는 것들이 많다. 시간이 지날수록 상처도 아물고, 슬픈 기억도 옅어지며, 노력이나 연습의 성과가 두드러지기도 한다. 이와 마찬가지로, '화도 그냥 마음에 묻어두기만 하면 나중에 어떻게든 해결되겠지…'라고 생각하는 사람들이 많다.

하지만 실제로 화라는 것은 그렇게 호락호락하게 해소되지 않는다. 오히려 "노병은 죽지 않는다. 다만 사라질 뿐이다"라는 말처럼 눈앞에만 보이지 않을 뿐 영원히 마음속에 남아 있는 게 아닐까 싶다. 그러니 화를 너무 가볍게 여기고 오랫동안 방치하거나 마음속에 차곡차곡 쌓아놓다 보면 나중에는 한계가 오거나 다른 식으로 표출이 되어 '내가 갑자기 왜 이렇게 화를 내지?' 하고 당황스러울 수도 있다.

평소에는 괜찮다가 특정 상황이나 주제에 갑자기 분노 발작을 보이는 경우도 있다. 그런 경우를 흔히 '용의 역린'에 비유하기도 하는데, 역린이란 용의 턱 아래에 거꾸로 난 비늘이다. 한비자에 의하면, 역린을 건드리면 용이 너무 아파서 발작적으로 고통스러워하며 그걸 건드린 대상을 반드시 죽이려 할 정도로 심한 분노 반응을 보인다고 한다. 사실 누구에게나 역린 같은 취약점이 있을 수 있는데, 한비자도 이야기했듯 이걸 건드려서 좋을 건 하나도 없다. 현대적으로 표현하자면 극도로 심한 콤플렉스라 할 수 있지 않을까? 그러니 평소에는 괜찮아 보인다고 해도 결국 분노가 해소된 것이 아니기 때문에 그냥 잠재되어 있을 뿐, 나중에 특정 자극을 받으면 폭발적으로 분출되는 것이다.

그러면 화가 나는 상황에 무조건 바로바로 화를 내야 한단 말인가? 물론 살다 보면 바로바로 반응을 해야 하는 상황도 있다. 하지만 그러기가 여의치 않거나 아직 용기가 없어서 그렇게 못 할 것 같으면, 초반에는 그 순간만 피하거나 적절한 시기가 올 때까지 기다리는 것도 괜찮은 방법이다. 하지만 그렇게 회피하기만 한다고 저절로 해결되지는 않기 때문에 묵은 분노를 계속 방치하지는 않았으면 좋겠다. 나중에 상황이 좋아지거나 자아강도가 회복되어 마주칠 용기가 난다면 그때는 스스로 해결하려고 시도할 필요가 있다는 말이다.

이 지점에서 의문이 들 수도 있다. 대체 이런 분노는 어떻게 해결해야 할까? 이 부분은 사실 일률적으로 이렇게 하면 된다고 말하기가 참 어렵다. 개개인의 성향이나 특성, 화가 나는 이유나 대상이 다양하기 때문에 당연히 대처 방식이나 방향이 복잡할 수밖에 없다. 하지만 일반적으로 세 가지 정도로 생각해볼 수 있다.

첫째, 간접적으로 분노를 해소하는 방법이다. 쉽게 말하면 취미나 특기 등 자신이 즐거움을 느끼고 좋아하는 활동을 하는 것이다. 삶의 낙을 찾고 거기에 몰입함으로써 힘든 일을 잠시 잊고 즐거움까지 느끼는 것으로 화를 해소한다. 주의 전환이 이루어지고 새로운 활력을 얻는 일종의 '리프레시refresh'가 될 수 있으니 이를 지속할 수 있으면 꽤 도움이 된다. 하지만 이 방법은 근원적인 해결을 해주지는 않는다.

둘째, 직접적으로 분노를 해소하는 방법이다. 말 그대로 나를 화나게 한 대상에게 내 감정을 제대로 표현하는 것인데, 여기서 중요한 점은 지나치게 화를 내지 않도록 하는 것이다. 당연히 처음에는 이런 조절이 어렵고 익숙하지 않아서 서툴 수 있다. 하지만 앞에서 언급한 것처럼 감정 표현은 중요하므로 서투르더라도 절대로 포기하지 말고 오히려 시행착오를 통해 점점 익숙해져야 한다. 직접적으로 해소하지 않으면 분노라는 것은 대개 저절로 없어지지 않는다. 오랫동안 마음속에 남아서 다른 누군가에게 이유도 모른 채 비슷하게 화풀이를 반복하게 만들 뿐이다.

마지막으로, 약물치료의 도움을 받는 방법이다. 이 방법은 직접적인 해소에 도움을 주기도 하고 때로는 간접적인 해소에 영향을 줄 수도 있다. 쉽게 말해서, 약 복용 후 전반적으로 정서적인 안정을 찾게 되면 화가 난 대상에게 용기를 내어 감정을 표현함으로써 직접적으로 분노를 해소할 수 있다(물론 이때 어느 정도 표현의 수위를 조절하는 것을 목표로 약을 조정할 수도 있다). 또한 약을 복용하여 화내는 증상 자체를 진정시킴으로써 일하거나 생활하는 데 방해받지 않고 위에서 언급한 간접적인 방법들을 통해 분노를 해소할 수도 있다. 그러나 만일 약 복용 후 진정은 되었지만 직접적으로든 간접적으로든 위와 같이 스스로 노력하지 않는다면 한계가 있을 수밖에 없다.

나는 쓰레기 버리는 일을 상당히 귀찮아한다. 특히 음식물 쓰레기나 각종 분리수거 처리는 정말 성가신데, 재질에 따라 버리는 방법이 각각 다르기 때문에 더욱 머리가 아프다. 분노를 해소하는 것도 어쩌면 비슷하지 않을까 생각한다. 쓰레기를 버리는 것처럼 귀찮고 성가신 일이다. 그래서 그냥 방치해놓고 싶은 마음도 쉽게 생긴다. 하지만 계속 방치한다면 냄새도 나고 벌레도 생길 수 있으며 또 안 비우면 이제 더 이상 쌓아놓을 공간도 없어 분명 넘치게 될 것이다.

이런 이유들 때문에 어쩔 수 없이 쓰레기를 버리긴 해야 하는데 실제로 그 과정이 만만치 않다. 위에서 말한 것처럼 때로는 간접적으로, 때로는 직접적으로, 또 어떤 상황에서는 약물의 도움을 받아서 버려야 하고 오랜 시간이 필요하기까지 하니 참 번거롭고 복잡하다. 그래서 만화에서는 분리수거나 소각, 분쇄 등으로 비유해서 설명했는데 이 내용을 모든 경우에 적용하기는 어렵다고 본다.

다만 마치 각자의 얼굴이 조금씩 다르게 생겼듯 각자 자기만의 상황이나 사연이 있으므로 그에 맞게 방법을 찾아보고 적용할 때 이를 참고해보면 좋겠다. 다양한 해소 방법을 스스로 꾸준하게 시도해보고 또 시행착오를 겪다 보면 언젠가 분명히 분노라는 거대한 족쇄로부터 자유로워지리라 믿는다.

플라스틱: 생산에 5초, 사용에 5분, 분해에 500년.
화: 발생에 5초, 표현에 5분, 후회에 500년.

화의 특징 ③
: 전염병처럼 주위로 퍼져나간다

화의 세 번째 특징에 대해 이야기해보자.

바로 아래의 질환들처럼 전염성이 꽤 강하다는 것이다.

(1) 많은 곳에서 적은 곳으로 간다
(2) 저절로 없어지지 않는다
(3) 그것은 바로?

잘 들어봐.

너무 길고 지루해서 화가 나!

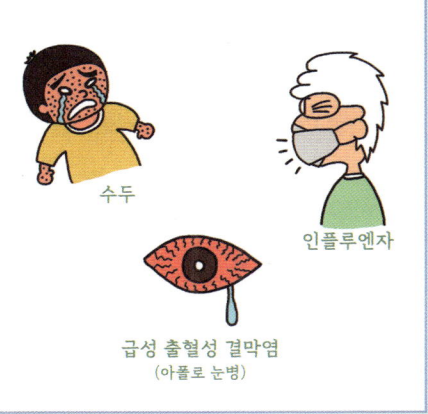

수두

인플루엔자

급성 출혈성 결막염
(아폴로 눈병)

즉, 화도 전염병처럼 다른 사람에게 전파되어 퍼져나간다는 말이다.

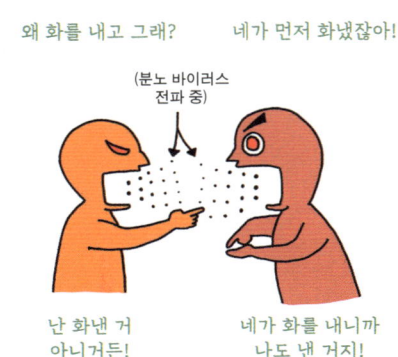

마치 좀비들에게 물리고 난 후 자신도 좀비가 되는 것과 비슷하다.

누군가에게 일방적으로 화풀이를 당하고 그때는 화를 전혀 해소하지 못하다가,

그 후에 그 사람과 비슷한 모습으로 또 다른 사람에게 화풀이를 하게 된다.

아니면 다양한 매개체나 환경을 통해 간접적으로 타인에게 전염되는 것처럼 생각해볼 수도 있다.

화내며 싸우는 상황이나 환경에 반복적으로 노출된다든지,

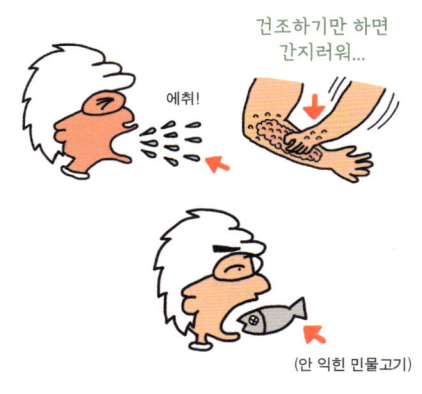

쉽게 화가 나는 환경이나 구조 안에 있다면 화낼 수밖에 없다.

아마도 어릴 때 귀신 가면을 쓰면 평소보다 귀신에 대한 두려움이 줄어드는 심리처럼,

화내는 쪽을 택하면
참거나 당하지 않아도 되니까
화내는 쪽이 늘어나기 마련이다.

이런 식으로 화내는 사람들이
점점 많아지면 결국 세상에
화의 불씨가 퍼지게 되는데,

그 와중에도 화를 참는 사람들이 있어
불씨가 퍼지는 걸 막아주기도 한다.

이것은 작은 불로 큰 불을 막는다는
선조들의 생활 속 지혜와
일맥상통하는 면이 있다.

화를 참는 이들은
자기를 시커멓게 태울 뿐 그 화를
타인에게는 전달하지 않기 때문이다.

어쩌면 이들이 쉽게 화내는 세상에서
우리를 지켜주는 방어벽 역할을
하는 게 아닐까 하는 생각이 든다.

우리 부족 전통이죠.

미리 불타버린 이 부분 때문에 불이 번지지 않음

우리가 희생하면 모두가 편하겠지.

덕분에 편하긴 한데, 저 분들 많이 힘들겠다...

하지만 이는 어디까지나
제3자의 관점일 뿐
당사자는 화의 희생양이 될 수도 있다.

화가 퍼지는 걸 막는 이들의 역할도
충분히 가치 있지만 그보다
화의 근본적인 해소가 더욱 중요하다.

(강 건너 불구경)

아야! 건드리면 아프니까
그냥 참고 약만
좀 먹으면 안 돼요?

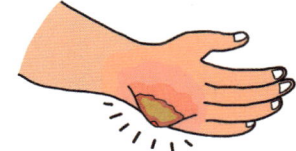

고름이 많이 찼으니
일단 아파도 짜내야 돼요!
약도 물론 먹고요.

그러므로 화를 마구 퍼뜨리는 것도 온몸을 불살라 화를 막는 것도 아닌 균형 있고 근본적인 접근이 필요하다.

전염은 병을 남에게 옮긴다는 의미다. 넓게 보면 어떤 사람의 분위기나 습관, 기분 등에 영향을 받아 물든다는 의미이기도 하다. 만화에서는 전염이라는 개념을 도입해 지나치게 화를 내는 사람들을 전염자로, 좀처럼 화를 못 내는 사람들을 피전염자로 비유해서 화의 특징을 좀 더 알기 쉽게 설명해보았다.

나는 좀비 영화를 즐겨 본다. 지나치게 화를 많이 내는 사람들과 화를 못 내는 사람들을 전염의 개념으로 생각하다 보니 좀비 영화에 나오는 장면들과 비슷하다고 느꼈다. 신기하게도 좀비들은 일반인만 타깃으로 공격할 뿐, 같은 좀비는 서로 웬만해서 공격하지 않는다. 이 점이 앞에서 언급했던 화의 첫 번째 특징과 비슷하고(물론 아주 가끔은 화가 많은 사람들끼리 사생결단의 각오로 대결하기도 한다), 좀비들의 공격 본능이나 식욕은 절대 저절로 해소되지 않으며 참는다고 없어지지 않는다는 점에서 두 번째 특징과 비슷하다. 또한 일반인들은 좀비에 물리면 바로 전염되어 똑같이 좀비가 되므로 세 번째 특징인 전염성 또한 어느 정도 설명된다. 이 외에도 좀비들이 넘쳐나는 세상에는 그들이 있는 것만으로 세상이 폐허가 되어버린다는 점 역시 비슷하다.

그러나 정작 좀비들은 그런 사실을 전혀 깨닫지 못하고 자신들이 벌이는 행동이 얼마나 심각한지도 모른다. 오히려 자신의 행동이 본능적이며 당연하다고 여길 수도 있다. 이와 마찬가지로 지나치게 화를 내기만 하는 사람들도 자신들이 세상을 삭막한 폐허로 만든다는 것을 깨닫지 못하고, 심각성도 모르며 자기 나름대로는 그렇게 심하게 화내는 게 당연하다고 여기는 것 같다. 이렇게 보니 좀비와 화의 특징들이 꽤 비슷하지 않은가?

일반인들이 좀비를 피해 도망 다니다가 물려서 전염되는 과정을 더 자세히 풀어보자. 화를 못 내는 사람들은 화를 계속 피하거나 받기만 하다가 결국 못 견디고 폭발함으로써, 지나치게 화를 내는 사람들과 비슷한 모습으로 변하게 된다. 두려워하는 대상과 비슷해짐으로써 그 대상에 대한 두려움을 극복하는 공격자와의 동일시 영향이 크다고 본다. 사실 마음속에는 좀비를 피해 도망가는 게 힘들고 그런 상황이 두려워서 차라리 내가 좀비가 되는 게 편하겠다는 심리가 담겨 있는 것이다. 또한 공격이 최선의 방어니까 나도 비슷하게 화를 내어 맞받아치면 나에게 함부로 화를 내지는 않겠다고도 생각하는 것 같다. 이런 사람들은 화를 많이 받아서 그 순간 폭발했을 수도 있지만 근본적으로는 두려움이나 불안이 많고 자아강도가 약하다 보니 나름대로 생존 반응을 보였을 가능성이 높다. 이런 면에서는 지나치게 화를 내는 사람들이 겉으로는 강해 보인다 해도 실제로는 자아강도가 약할 수도 있다는 말이다. 이 내용에 대해 조금 더 자세히 이야기해보자.

먼저, 지나치게 화를 내는 사람은 겉보기처럼 강하기만 할까? 강하다는 것에는 여러 가지 의미가 있겠지만 일반적으로는 그 반대일 가능성이 높다. 참거나 견디는 능력 면에서는 오히려 약할 수도 있다는 뜻이다. 자신의 감정에 대한 역치가 매우 낮아서 불편한 감정들을 못 견디고, 분노 반응이라는 수단을 통해 내뱉을 수밖에 없는 소위 '감정의 약자'일 수도 있다. 옛 속담 중 "빈 수레가 요란하다"는 말을 적용해볼 수도 있지 않을까? 그러므로 지나치게 화를 내는 사람은 오히려 약한 내 모습을 한번 제대로 바라볼 필요가 있다. 다시 말해서, 화가 난 이유와 대상은 무엇인지 그리고 나는 지금 무엇을 두려워하고 불안해하는지 등을 말이다.

그렇게 타깃을 명확하게 설정하면 화의 실체나 깊은 두려움, 불안 등을 알 수 있는데 그것이 근본적인 해결의 지름길이 될 수 있다. 다만 아쉽게도 이들은 대부분 자신의 문제를 스스로 인식하고 정신과를 찾지는 않는다. 간혹 가족의 등쌀을 못 견디고 억지로 오거나(이런 경우에는 대부분 치료가 쉽게 중단된다) 내가 왜 가야 하냐며 당신이나 가라고 면박을 줄 뿐 절대 방문하지 않는다. 그런데 최근에는 스스로 분노조절이 안 된다며 찾아오는 젊은이들의 수가 늘고 있어 이런 부분은 앞으로 충분히 희망적이라고 볼 수 있다.

그렇다면 화를 못 내는 사람은 약하기만 할까? 자신의 감정이나 생각을 확실하게 드러내지 못한다는 점에서는 약하다고 할 수 있다. 하지만 인내심의 측면에서 본다면 굉장히 강한 사람임에 틀림없다. 사회 구성원이라는 측면에서 볼 때도 소소한 문제들에 이의를 제기하지 않고 참기 때문에 대부분 스펀지 같은 완충재가 되니, 특정 조직을 넘어 사회 전체가 큰 잡음 없이 안정적으로 돌아가는 데 충분한 역할을 한다고 볼 수 있다. 마치 흔히 볼 수 있고 색깔이나 맛, 냄새는 없지만 이 세상에 없어서는 안 될 물과 같은 역할을 하는 게 아닐까 싶다.

이렇게 화를 안 내고 사는 게 좋은 건지 묻는다면, 당연히 아니다. 계속 화를 안 내고 그냥 참다 보면 완충 역할은커녕 결국 못 버티고 그 사회를 떠날 수밖에 없기 때문이다. '롱 런'하려면 무작정 참거나 버텨서는 답이 없다. 자신의 감정이나 생각을 표현하면서 부드럽게 융화하거나 적응해야 한다는 말이다.

우리는 어쩌면 좀비 영화에서 자주 접하는 좀비 아포칼립스의 시대, 즉 '보기 싫은 놈들이 우글거리는 이 세상, 그냥 확 다 뒤집어졌으면 좋겠다!'라고 생각하는 시기에 살고 있는지도 모른다. 대치와 갈등의 시대 혹은 적개심의 시대에 살고 있다고도 할 수 있다. 물론 우리가 보기에 여전히 잘못된 것들도 있고 그런 것들은 당연히 바로잡아서 정의를 세워야 하겠지만, 때로는 너그러운 이해와 용서를 통한 해결이 더 바람직할 수도 있다. 긴 역사의 흐름을 볼 때 예전에 비하면 여전히 인류는 발전하고 있으며, 뭔가를 개선하기 위해 몸부림치고 있고, 시행착오를 겪고 있기 때문이다.

게다가 지나치게 화를 내는 사람과 화를 못 내는 사람 모두 그런 시대를 함께 살아가는 구성원들이고 누군가의 친구이며 가족이다. 사람은 누구든 완벽할 수가 없고, 사실 나 자신조차도 비슷한 실수를 지금까지도 매번 하고 있기 때문에 정의와 법으로만 모든 문제가 해결된다고 보기는 어렵다. 옳고 그름을 따지는 정의도 사람들마다 다를 수 있고, 나만의 정의가 타인에게는 불의가 될 수도 있기 때문이다. 하지만 이해와 용서를 바탕으로 한 사랑은 누구에게든 적용되지 않을까 생각한다. 사랑이 좀 바보 같아 보이기도 하고 너무 이상적이기도 하며 밑 빠진 독에 물 붓기 같기도 하지만 어느 누구든 사랑받기를 원한다는 사실은 부인할 수 없지 않을까?

사랑받고 싶은 마음은 정신과에서 아주 기본적인 바탕이 되는 데다가 사람을 움직이게 하는 데 큰 에너지가 된다. 이런 에너지가 한낱 유행가 가사로만 흘러나갈 것이 아니라 우리가 사는 세상 전체에 널리 퍼져나가서 점점 더 좋은 영향력을 끼쳤으면 좋겠다. 이제 화를 해결하는 최고의 치료제인 사랑에 대해 마지막으로 이야기해 보도록 하자.

"사랑은 좀비의 심장도 다시 뛰게 한다." (영화 〈웜 바디스〉 중에서)

6장 분노, 때로는 나를 표현하는 방법

화를 녹이는 최고의 치료제, 사랑

화가 사랑을 만나면, 비가 내린다.	바로 눈에서 내리는 비다.
	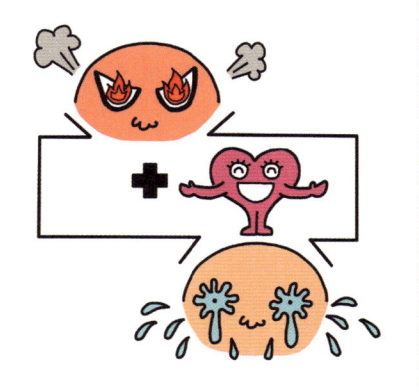

그 비는 폭발하듯
화를 내는 사람에게나,

속이 다 탈 정도로
화를 참는 사람에게나
예외없이 흘러내린다.

당장 어찌할 수 없을 정도의
화나 불타오르는 마음을
시원하게 식혀주고,

잿더미처럼 시커멓게 타버린 마음을
깨끗하게 씻어줌으로써,

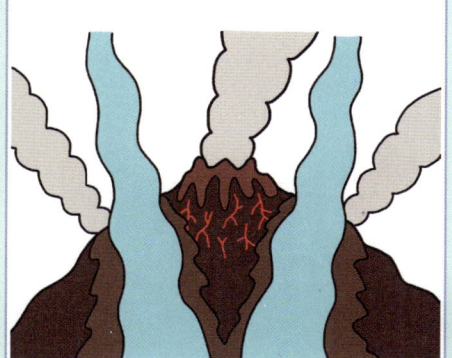

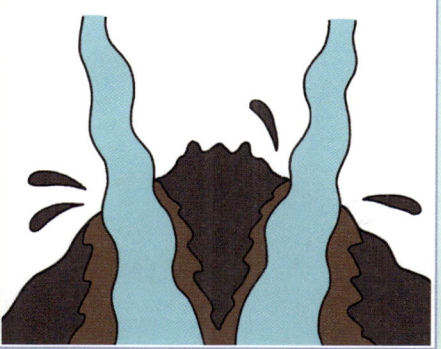

지금까지 아픔이나 상처로
마음속에 오랫동안 남아 있던
얼룩을 서서히 지워버리기도 한다.

화가 사랑을 만나 나타나는
눈물이라는 '비'와 사랑이라는 '빛'이
조화를 잘 이룬다면,

땅에 예쁜 마음의 씨앗이 떨어졌을 때
그 조화 속에 이해와 용서라는
싹이 트기 시작한다.

물론 그 과정에서 화로 인한 열기나
슬픔과 외로움의 냉기 등을
경험하기도 한다.

하지만 그런 어려움을 견디면서
포기하지 않고 지속적으로
비를 내려주고 빛을 비춰주면,

이해와 용서가 자라고
더 튼튼해져 예쁜 꽃이 피거나
예쁜 마음의 씨앗이 퍼져 나가게 된다.

이처럼 화를 무너뜨릴 수 있는
가장 강력한 힘은 바로
사랑이라 할 수 있다.

그 사랑이 비를 타고
온 세상에 퍼져서 모두가
행복한 세상이 되면 좋겠다.

걱정 마, 이번엔
너희 전부 사랑해줄 테니까!

내가 우주 최강이다!
(인피니티 러브 장착!)

Singin' in the rain

6장 분노, 때로는 나를 표현하는 방법

정신과를 방문하는 사람들 중에는 뭔가가 결핍이 되어서 오는 이들이 많다. 그 결핍 중에 가장 큰 부분을 차지하는 것이 바로 사랑이다. 기본적으로는 부모의 사랑을 받지 못해서 오고, 학생들은 친구들에게서 사랑을 받지 못해서 고민하며, 젊은이들은 연인의 사랑을 받지 못해서 아파한다. 중장년층은 동료들에게서나 사회적으로 인정받지 못하고 무시당해서(이것도 일종의 사랑으로 본다) 괴로워하고, 노년층은 가족들로부터 관심과 사랑을 받지 못해 외로워한다.

이것은 시간 연대기적으로 나타나기도 한다. 즉, 과거에 내가 사랑을 받지 못한 것 때문에 그 시점에 머물러 성장하지 못하고 퇴행하는 사람들도 있고, 현재 내 눈앞의 대상에게 사랑을 받지 못해 슬퍼하거나 화내기도 하며, 지금 사랑받고 있다 해도 앞으로도 계속 사랑받을 수 있을까 걱정되어 어떻게든 완벽해지려고 전전긍긍하는 사람들도 있다. 결국 인간에게는 사랑받고 싶은 마음이 하나의 본능이 아닐까 싶다.

영화나 뉴스에서 가끔씩 인질극을 벌이는 범죄자를 볼 때가 있다. 이 사람 말을 들어보면 "나는 원래 이럴 생각은 없었는데 사회가 나를 이렇게 만들었다"며 "조금이라도 허튼 수작 부리면 다 죽여버리겠다"고 엄포를 놓는다. 예전에 자신을 힘들게 했던 사람들에게 화를 퍼붓고 더 나아가 이 사회 전체에 억울함과 분노를 쏟아낸다. 이럴 때 항상 드라마틱하게 등장하는 인물이 바로 범죄자의 어머니다. 어머니는 자기 아이가 원래는 심성이 고운데, 하는 일이 계속 안 되다 보니 순간적으로 저런 큰 실수를 저지른 거 같다며 어떻게든 선처해달라고 애걸복걸한다. 그러면서 아들에게는 "네 마음은 이해하지만 그래도 그런 행동은 안 돼!"라며 지금이라도 생각을 돌이켜 그만두라고 설득한다. "이 어미를 봐서라도 한 번만 다시 생각해다오!"라고 사정한다. 그러면 범죄자의 눈시울이 붉어지면서 눈물이 흐르고, 그럴수록 어머니는 예전에 아들이 착하게 행동했던 일들을 계속 말해주며 "너는 원래 이런 애였어. 절대로 나쁜 행동을 할 아이가 아니야"라고 하면서 같이 눈물을 흘린다. 결국 아들은 인질을 풀어주고 어머니 품으로 향한다.

    여기서 실제로 어머니가 대단한 설득력을 가진 협상가는 아니다. 어떻게 보면 별로 배운 것도 없고 평범한 동네 할머니일 가능성이 높다. 가진 지식이 많지도 않고 어쩌면 인질극 경험이 전혀 없을 수도 있다. 하지만 이렇게 성공적인 해결을 할 수 있었던 이유는 무엇일까? 단지 범죄자를 잘 아는 가족이기 때문일까? 사실 어머니가 현장에 가도 콧방귀만 뀌는 범죄자들도 많으니, 가족이라서 가능한 것만은 아니라고 본다.

　핵심은 자신에게 사랑을 주었던 대상이라는 것, 즉 어머니와의 끈끈한 관계 형성이 잘 되어 있었기 때문이다. 그 어떤 전문가도, 어떤 훌륭한 기술도 어머니와의 사랑으로 맺어진 이 관계를 능가할 수는 없다. 사랑이라는 것은 그만큼 큰 위력을 발휘한다. 특히 좋은 관계 형성에 있어서 사랑만큼 강력한 접착제는 없다. 이렇게 중요한 '사랑'을 줄 수 있는 사람이 단 한 명이라도 있다면 그 사람은 어떤 상황이든 극복할 수 있다. 하지만 불행하게도 정신과를 찾는 환자들에게는 그 한 명이 없어서, 그런 관계 하나가 없어서 혼자 끙끙 앓고 애태우는 사람들이 많다. 그 말은 대부분 가족들과의 관계가 좋지 않다는 반증이기도 하다.

　사실 가족들은 이 환자에게 지금 어떤 심각한 증상이 있는지, 어떤 점들을 고쳐야 하는지, 앞으로 어떻게 살아가야 할지 등에 대해서는 관심이 많지만 정작 이 환자와 자신의 관계 형성에 대해서는 별 관심이 없다. 왜 내 말대로 하지 않느냐며 복종을 강요하고 수직적 관계만을 중요하게 여긴다. 하지만 관계 형성이 잘 되지 않았을 경우 그 사람의 말을 잘 안 따르게 된다는 건 너무나도 당연한 이야기다. 설사 잠시 가족들의 말에 따랐다고 해도 그게 오래 가지도 않을 것이며, 평생 가족들이 지시해줄 수도 없다. 환자가 나중에 좋아졌다고 해도 가족들과 관계가 안 좋으면 무슨 의미가 있겠는가? 그런 관계가 지속된다면 결국 다시 증상이 나빠질 뿐이다. 하지만 가족들과의 관계 형성이 잘 이루어진다면 굳이 강요하지 않아도 스스로 가족들의 말을 잘 따르고 존중할 것이 자명하다. 덤으로 자율성이나 문제해결 능력도 갖출 수 있다. 사랑을 통한 관계 회복은 이만큼 중요한 요소다.

해결하는 방법은 어떻게 보면 단순하다. 배가 고프면 먹을 것을 주면 되듯이, 사랑에 목마르면 사랑이라는 이름의 관심, 공감, 이해, 용서 등을 제공해주면 된다. 특히 무엇보다도 그 사람의 가장 가까운 관계인 가족부터 관심을 가져야 하고, 그게 안 되면 친구가, 또 그렇게도 안 되는 상황이면 이웃이나 지인들이, 모든 게 안 되면 마지막으로 정신과 전문의가 그 역할을 하게 되는 것 같다. 여기서 사랑을 제공하는 방법은 환경이나 사람의 특성에 따라 여러 가지가 있겠지만 여기서는 나만의 경험을 하나 소개해보고자 한다. 바로 긴 시간 동안의 믿음과 기다림이다.

지금 당장은 변화가 없더라도 나중에는 더 나아질 것이라는 믿음을 가지고, 그 시기를 알 수는 없어도 기다리면서 계속 적절한 물과 햇빛을 제공한다면 언젠가 싹이 트고 자라게 되는 기적을 보게 된다. 마치 어린아이가 뒤뚱뒤뚱 걸음마를 하면서 수천 번 넘어지지만, 믿어주면서 응원해주고 기다려주면 어느덧 때가 되어 잘 걷게 되고 나중에는 달리기까지 하는 기적을 보는 것과 같다. 이는 나의 진료 경험에서부터 육아, 인생 전반에 이르기까지 참 좋은 기억들이 많았기 때문에 자신 있게 추천할 수 있다. 이렇듯 사랑으로 형성된 관계들이 점점 더 많아져서 이 세상에 널리 퍼진다면, 사랑이 결핍되어 정신과를 방문했던 많은 이들에게 진정한 안식과 평안을 줄 수 있으리라 믿는다.

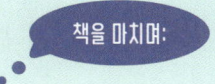

사람들은
생각보다 행복하지 않다

그래서 내 진료 경험을 토대로 그런 사람들의 이야기를 해볼까 한다. 	먼저, 아무 걱정도 없어 보이지만 사실은 심각한 질환으로 인해 치료받고 있는 사람들이 있다. 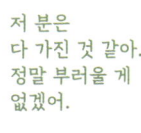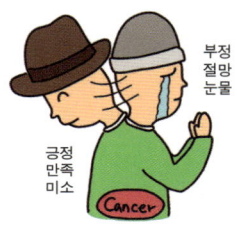
자식이나 남들 앞에선 웃고 잘 지내지만 배우자의 외도 때문에 속이 새까맣게 타버린 이들, 	열심히 사는 것 같아 보이지만 사실은 자신을 한없이 몰아붙이기만 하는 이들, 

겉으로는 전혀 내색하지 않지만
사실은 부모의 큰 기대에 못 미칠까
두려워하는 이들,

항상 괜찮다 말하지만,
사실 자식들에게 폐 끼칠까 봐
속사정은 말 못하는 이들,

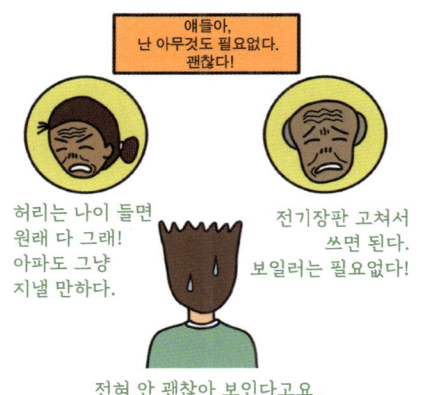

평소엔 아주 기분 좋고 에너지 넘치지만
이면에는 심한 우울감을 느끼는 이들,

걸보기엔 날씬하다 못해 말라 보이지만
폭식과 구토를 반복하는 이들도 있다.

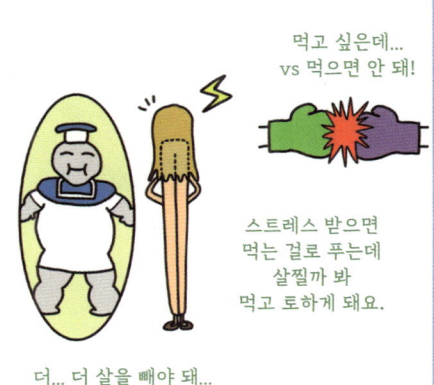

최악의 경우 짧은 기간 동안 이 모든 일을 한꺼번에 겪는 이들도 있다.

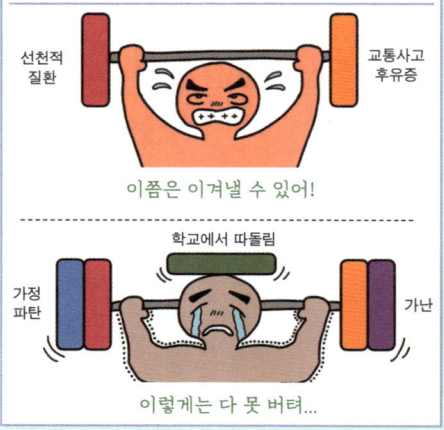

마치 멀리서 보면 자연의 광경들이 정말 아름답고 푸르러 보이지만

실제로 가까이 가서 보면 겉보기와는 꽤 다른 경우와 비슷하다 할 수 있다.

이처럼 다른 사람들의 인생도 가까이서 보면 우리 생각과는 많이 다를 수도 있다는 말이다.

또한 많은 사람들이 SNS에
자신이 잘 지내는 모습만 올리다 보니,

#이순간은행복해

그런 곳에 드러내기 힘든
실생활에서의 어려움은
우리가 잘 모르는 경우도 많다.

#평소엔안행복해

결국 보이는 게 다가 아님을 깨닫고
그 이면의 본질적인 부분에
항상 관심을 기울여야 한다.

내가 바라본 광경이 즐거워 보인 건
그들이 진짜 즐거워서 그렇다기보다는,

찰나의 즐거운 순간이나
빙산의 일각만 보고
성급한 일반화를 했을 수도 있다.

아니면 개개인의 속사정을
정확히 몰라서 그런 것일 수도 있다.

혹은 내 관점이나 태도 때문에
상대적으로 그렇게
느끼는 것일 수도 있다.

다시 말해서, 나 스스로
슬프다는 생각을 가지고 있으니
다른 이들이 상대적으로
즐겁게 보이는 것 아닐까?

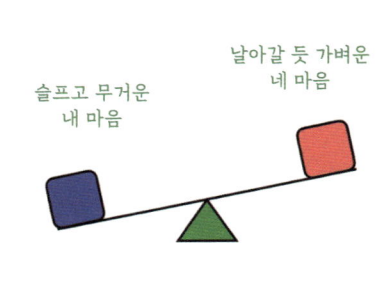

즉, 진실과 본질을 제대로 파악하고
어떤 관점을 가지는지가 중요하다.
사람들이 너무 즐거워 보인다면
내 마음을 점검해보는 건 어떨까?

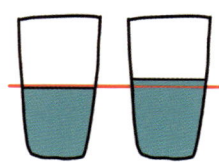

우와, 아직 물이 절반이나 남았네.

뭐야, 이제 물이 반밖에 없잖아!

책을 마치며: 사람들은 생각보다 행복하지 않다

 정신과를 전공하기 전까지는 나 자신을 상당히 불행한 사람이라고 생각했었다. 다른 사람들은 왠지 다들 편하게 사는 것 같고 모든 일들이 다 쉽게 풀리는 것 같은데 나는 그렇지 않았기 때문이다. 예컨대 우리 집은 형편이 좋지 못해서 의대 등록금을 내느라 부모님이 상당히 힘겨워 하셨다. 내가 장학금을 받을 만큼 공부를 잘했던 편도 아니었기 때문에 항상 학비에 대한 부담이 있다 보니 죄책감을 계속 느꼈다.

게다가 키가 크거나 잘생긴 얼굴도 아니어서 외모에 자신이 없었고 말도 유창하게 잘하지 못했으며 내성적인 성격이다 보니 사람들과 쉽게 어울리지도 못했다. 신체적으로도 그리 건강하지 않았다. 잦은 잔병치레에 수술까지 한 적이 있을 정도로 약골이었다. 게다가 의대도 다른 대학을 1년 다니다가 다시 수능을 준비해서 우여곡절 끝에 힘겹게 들어간 상황이었다. 의대 내에서도 삼수생으로서 쌩쌩한 현역 동기들에게 묘한 열등감까지 가졌으니, 내 입장에서는 충분히 불행하다 느꼈다.

주위 사람들은 의대에 들어갔다고 대단하다, 잘했다, 좋겠다고 얘기를 많이 했음에도 불구하고, 정작 나 자신은 그리 행복하지 못

했다. 특히 내가 몸담고 있던 의과대학이라는 세계에서는 나보다 잘나고 능력 있으며 멋진 사람들이 훨씬 많았기 때문에 더욱 그랬다. 그런데 정신과에서 환자들을 보기 시작하면서 이런 생각들이 조금씩 변했다.

무엇보다도 내가 보지 못했던 세계에는 나보다 훨씬 더 불행한 사람들이 많았다. 심지어 겉보기에는 별 문제가 없어 보이고 굳이 정신과에 올 필요가 있나 싶은 사람들도 각자의 속사정이나 진실을 안고 있었다. 내가 보지 못했던 세계는 생각보다 거대했고 나는 단지 빙산의 작디작은 일각만 보아왔음을 깨달았다. 타인의 불행이 나에게는 위로가 된다는 것이 참으로 아이러니하기는 했지만, 그 이후로 내가 가진(평소에 당연하게 여겼던) 것들을 소중하고 감사하게 느끼기 시작했다. 어쩌면 내가 겪은 불행들도 타인에게는 위로가 될 수 있다는 관점의 변화까지 생긴 것 같았다. 그렇게 정신과에서 임상 진료를 계속 하면 할수록 환자들이 어떻게 지금까지 버텨왔나 감탄하기도 했고, 과연 나라면 저렇게 버틸 수 있었을까 하는 생각까지 들었다.

이런 경험들이 쌓이면서, 이제는 어떤 사람의 일면만 보고 쉽게 판단하는 것을 극도로 경계하게 되었다. 정신과 의사에게는 사실 사람을 판단할 수 있는 일종의 직업적 특권이 주어졌다고 생각해볼 수 있는데, 이 힘은 양날의 검 같아서 잘 사용하면 치료에 많은 도움이 되지만 잘못 사용하면 오히려 사람들에게 큰 상처를 주기도 한다. 그래서 치료적 과정에서도 쉽게 판단하기보다는 주로 이야기를 많이 들어주고, 다른 요소나 예외적인 경우는 없는지를 신중하게 접근하는 경우가 많다.

상담 과정에서 흔히 진행하는 정신역동적 정신치료나 정신분석에서도 섣부른 해석이나 직면은 경계해야 한다고 말한다. 또한 나도 세상을 살면서 정말 좋은 줄 알았던 사람에게 나중에 뒤통수 맞는 경우도 종종 있었고, 정말 나쁜 사람이라 생각했는데 나중에는 의외로 나에게 도움이 되거나 좋은 점들을 발견하는 경우도 꽤 있었기 때문에 더욱 사람을 쉽게 판단해서는 안 된다고 생각했다. 그러다 보니 내 인생에 대한 관점도 조금씩 변화했다. 내가 불행하다고 너무 쉽게 판단하지 않게 되었고 나보다 훨씬 힘들게 사는 이들을 많이 보다 보니 자연스럽게 상대적인 안도감을 느껴서인지 오히려 그들을 돕고 싶다는 마음마저 샘솟았다. 그리고 예전에는 겉으로 보면 다들 행복해 보여서 내가 더 불행하다고 생각했었는데 진실은 그게 아니라는 것을 깨달았다.

사실 내가 처한 상황들이 편한 쪽으로 바뀌었기 때문에 불행하다는 관점이 바뀐 건 아니다. 환경이나 상황은 여전하지만 내가 바라보는 관점의 방향이 자연스럽게 바뀌면서 나타난 결과로 볼 수 있다(물론 나는 운이 좋게도 정신과 진료 경험을 통해 이런 변화가 시작되었지만 각자 자기만의 변화 요인이 있을 거라 본다). 그런 관점의 변화를 이루려면 먼저 사물이나 환경의 진실을 제대로 파악하는 것과 무엇이 본질

이냐를 이해하는 것이 필요하다. 이런 과정을 가이드해주는 것이 정신과의 역할이 아닌가 생각한다. 참고로 나는 "왠지 ○○인 것 같아요"라고 이야기하는 환자들에게 "그게 '팩트$_{fact}$'일까요?"라고 자주 되묻는다. 따지고 보면 그게 '팩트'가 아닌 경우가 많고, 오히려 거짓에 속아서 나도 모르게 불행의 늪에 빠져 들어가는 일이 흔하기 때문이다.

 많은 사람들이 나처럼 자신이 불행하다고 쉽게 단정 짓는 우를 범하지 않고, 이 세상 속에서 진실과 본질을 마주하며 아직은 한번 살아볼 만하다는 관점의 변화를 스스로 겪었으면 좋겠다. 그런 지혜를 얻는 데 조금이나마 도움이 된다면 이 책의 의미는 충분하다고 본다.

마음을 치료합니다, 정신과
ⓒ N2, 2020

2020년 12월 15일 초판 1쇄 인쇄
2020년 12월 22일 초판 1쇄 발행

지은이 | N2
발행인 | 윤호권·박헌용
책임편집 | 최안나

발행처 | (주)시공사
출판등록 | 1989년 5월 10일(제3-248호)

주소 | 서울시 성동구 상원1길 22 7층(우편번호 04779)
전화 | 편집(02)2046-2861·마케팅(02)2046-2800
팩스 | 편집·마케팅(02)585-1755
홈페이지 | www.sigongsa.com

ISBN 979-11-6579-337-1 03180

본서의 내용을 무단 복제하는 것은 저작권법에 의해 금지되어 있습니다.
파본이나 잘못된 책은 구입한 서점에서 교환해 드립니다.